Freie Trauungen

Kerstin Leyendecker

Freie Trauungen

Hochzeitsplaner
für die etwas andere Art zu heiraten

OMNINO.

Impressum

Bibliografische Informationen der Deutschen Nationalbibliothek
Die Deutsche Nationalbibliothek verzeichnet diese Publikation in der Deutschen Nationalbibliografie; detaillierte bibliografische Daten sind im Internet über http://dnb.d-nb.de abrufbar.

ISBN: 978-3-95894-032-1 (Print) /
         978-3-95894-033-8 (E-Book)

© Copyright: Omnino-Verlag, Berlin / 2017

E-Book-Herstellung: Open Publishing GmbH

Abbildungsverzeichnis

harald schaack: S. 15, S. 29, S. 31, S. 49, S. 55, S. 69, S. 70, S. 71, S. 72
Gülten Hamidanoglu Fotografie: Coverbild, S. 21, S. 23, S. 24, S. 28, S. 35, S. 36, S. 43, S. 56-57, S. 58, S. 59, S. 121
Stefanie Both: S. 32,
Katrin Neumann. Fotografie.: S. 50-51, S. 61, S. 109
Bjoern Merg Photography: S. 52, S. 54
Heike Sieber Kommunikationsdesign: S. 53, S. 96-97
BILDERZEIT Fotografie: S. 66

für Peter,
Klara, Moritz & Lieselotte

Einleitende Worte

Freie Trauungen!

Die einen sagen, freie Trauungen seien modern oder „in", die anderen reden von einem regelrechten Boom, der aufgrund der gesellschaftlichen Entwicklungen stetig wachsen wird.

Wie auch immer, freie Trauungen haben Stil, sind etwas Besonderes, gehen ans Herz und spiegeln das wider, was bei einem Versprechen, nämlich das Leben miteinander zu verbringen, am wichtigsten ist: die Individualität und die Einzigartigkeit einer jeden Liebe und Partnerschaft. Das bedeutet, dass die Menschen, die „Ja" zueinander sagen, der Mittelpunkt sind und nicht Rituale und Vorgehensweisen eines immer gleichen Ablaufes.

Je älter ich werde und umso größer mein Erfahrungsschatz in Bezug auf den Umgang und die Arbeit mit Menschen wird, desto weniger glaube ich an Zufälle. Denn meine erste freie Trauung war ein so genannter Zufall, der mir beschert wurde und seitdem bin ich infiziert. Ich liebe die Arbeit mit den verliebten Paaren, die ungeduldig, hibbelig, voller freudiger Erwartung und strahlend vor Glück vor mir sitzen, über sich und ihre Geschichte erzählen, mich Teil haben lassen an ihren ganz persönlichen und intimen Momenten, um sie zu verstehen, ein Gefühl für sie zu bekommen und die Zeremonie exakt nach ihren Wünschen auszurichten und abzustimmen.

Ich liebe meinen Job! Denn was ist schöner als glückliche Menschen noch glücklicher zu machen?

Und das schönste überhaupt: Mit der freien Trauung haben gerade auch die Menschen die Möglichkeit, eine wundervolle Zeremonie zu gestalten, die durch unterschiedliche Herkunft oder Glaubensgemeinschaften oder aber durch unterschiedliche gesellschaftliche Sichtweisen keine andere Möglichkeit haben, eine Feier zu gestalten, die über all diesen Konventionen steht und wo es nur einzig und allein um den aufrichtigen und ehrlichen Umgang mit ihrer Liebe geht.

Ich spreche von Paaren unterschiedlicher religiöser Glaubensgemeinschaften, von der zweiten Ehe und von den gleichgeschlechtlichen Paaren, die ihre Lebensverbindung so auf eine ganz besondere Art und Weise besiegeln können!

Als freie Rednerin die richtigen Worte zu finden und das Paar und ihre Geschichte auf den Punkt genau zusammen zu fassen, ist die Herausforderung, auf die es ankommt. Ich möchte allen, die noch keiner freien Trauung beiwohnen durften, in diesem Buch erklären, was eine freie Trauung ist und wie sie abläuft und ich möchte all die Verliebten neugierig machen auf diese besonders schöne Art, Hochzeit zu feiern, und ihnen helfen, einen für sie optimalen Ablauf zu planen und gestalten.

Kleiner Hinweis, bevor es losgeht: Ich werde in meinem Buch der Einfachheit halber die männliche Form der Berufsbezeichnung benutzen — trotzdem ich selbst eine Frau bin!

Also, viel Vergnügen beim Lesen und Planen. Denn Vorfreude ist die schönste Freude...

Was ist eine freie Trauung?

Eine Definition

Eine freie Trauung ist eine Alternative zur religiösen, also kirchlichen Hochzeit. Sie bietet Möglichkeiten zu einer individuellen Gestaltung für einen feierlichen Rahmen rund um das „Ja-Wort".

Wie der Name schon sagt, ist die freie Trauung frei von jeglichen Konventionen und Rahmenbedingungen und gibt damit die Möglichkeit zur individuellen Planung und Durchführung einer persönlichen Zeremonie. Dabei ist die Ungebundenheit von Zeit und Ort zu nennen wie auch die ggf. unterschiedliche Religionszugehörigkeit oder sexuelle Neigung des Paares!

Hier weist das Brautpaar an einer Weggabelung ihren Gästen den Weg!

Rechtlicher Hinweis

Die freie Trauung hat keinerlei rechtliche Bewandtnis und ersetzt damit nicht die standesamtliche Trauung vor einem Standesbeamten. Auch ist diese wundervolle Alternative zur religiösen Hochzeit kein Ersatz im eigentlichen Sinne! Natürlich können aber auch religiöse Elemente verwendet werden.

Beurkundung

Weil eine freie Trauung eben keiner rechtlichen Grundlage entspringt, keine religiöse Bedeutung hat und rein für das Paar steht, ist eine Besiegelung ihrer Versprechen und ihres „Ja-Wortes" nicht notwendig.

Allerdings finden es viele Brautpaare schön, eine Erinnerung an diesen Tag zu haben, denn oftmals hat die Zeremonie einer freien Trauung emotional eine wesentlich größere Bedeutung als die formelle Eheschließung auf dem Standesamt. Und so wünschen sie sich in irgendeiner Art und Wese eine Unterschrift, die ihre Zusammengehörigkeit dokumentieren soll oder kann.

Wenn im weiteren Verlauf dieses Buches der beispielhafte Ablauf einer freien Trauung angesprochen wird, kann im Rahmen eines Rituals ein vorbereitetes Dokument verwendet werden, welches ganz individuell vom Brautpaar oder zusammen mit dem Redner im Vorfeld erstellt wurde. Inhalt kann das Eheversprechen sein, welches beide gesprochen haben und nun unterschreiben oder es kann auch ein Text sein, den die Trauzeugen vortragen, in dem sie dem Brautpaar ihre Treue versprechen und ihre Unterstützung der Ehe noch einmal unterstreichen. Wer also etwas „besiegeln" möchte, kann es auf seine Art und für sich tun. (> siehe auch Traurituale auf S. 54)

Die Planung der freien Trauung

Passende Locations für eine freie Trauung

Drinnen oder draußen?

Generell sollte sich ein Paar, was sich entschließt, eine freie Trauung durchzuführen, Gedanken darüber machen, wo die Zeremonie stattfinden soll. Da ist zunächst ein großes Thema, welches nicht wirklich planbar ist: das Wetter! Natürlich ist es eine wunderschöne und romantische Vorstellung, bei strahlendem Sonnenschein, umgeben von einer kleinen Windböe und schöner Musik die Zeremonie beginnen zu können. Aber manches Mal schlägt das Wetter auch um und da ist ein Plan B gefragt.

Die Beständigkeit des Wetters in den Sommermonaten ist längst nicht mehr zuverlässig und manches Mal ist der Frühling schön und trocken oder ein goldener Herbst eher ein Garant für gutes Wetter als der Sommer. Wie auch immer:

Was also zunächst wichtig bei der Locationsuche ist, wäre abzufragen, ob alternative Möglichkeiten zur Durchführung der freien Trauung zur Verfügung stehen oder nicht.

Gibt es einen Raum, den man nutzen kann oder wäre der Raum geeignet, wo später gegessen und gefeiert wird? Fakt ist, dass sich immer mehr Anbieter von Hochzeitslocations darauf einstellen und den Paaren gleich vorab einige alternative Möglichkeiten an die Hand geben können.

Manches Mal ist die Location zur Durchführung der freien Trauung aber auch ganz woanders als die Feier danach. Hier wäre die Frage, ob es sich einrichten ließe, ein Zelt oder eine andere Art der Überdachung aufzubauen, um die Gäste vor möglichem Regen oder Wind zu schützen.

Beispiele für passende Locations:

Der Fantasie sind keine Grenzen gesetzt! Alles, was passt, alles was ein schönes und geeignetes Ambiente bietet, ist als Möglichkeit zur Durchführung einer freien Trauung denkbar. Meist wählen Paare die Kombination von Freier Trauung und anschließender Feier an ein und demselben Ort, weil es die Organisation sicherlich um einiges erleichtert: Keiner der Gäste muss noch einmal fahren oder kann sich ggf. gleich vor Ort im Gästezimmer einquartieren, wenn dies erforderlich oder gewünscht ist. Hier ein paar Beispiele:

Schlösser und Burgen, Windmühlen, Bauernhöfe & Co.
Sie bieten einen klassischen und meist sehr feierlichen Charakter. Im Schlosshof, auf der Wiese vor den Toren der Burg oder in einem Turmzimmer:

Die Frontalansicht auf das Schloß Linnep lädt zur freien Trauung ein.

Es gibt unzählige, wunderschöne, alte Bauten in Deutschland, wie z.B. einige ausgediente Windmühlen oder öffentliche Schlösser, die das Rundum-Paket für eine gelungene Hochzeitsfeier anbieten.

Viele, familiär geführte Bauernhöfe, die eine Scheune für Feierlichkeiten umgebaut haben oder ein Hofcafé führen, bieten traumhafte Arrangements für die ländliche Hochzeit und zeichnen sich durch Individualität und Persönlichkeit aus!

Eine Finca auf Mallorca oder ein Château in Frankreich sind Alternativen der besonderen und auch sicherlich etwas kostspieligeren Art, die in Kombination mit beispielsweise einer Strandhochzeit und mit einer großen Hochzeitsgesellschaft auch einmal ein ganzes Wochenende in Anspruch nehmen können. Bei der Planung und Organisation einer solchen Trauung helfen im Übrigen auch sämtliche Hochzeitsagenturen gern weiter.

Strandhochzeit, am See oder im Wald
Die Strandhochzeit ist eine der beliebtesten Varianten, wenn das Paar das Meer und die See liebt. Angrenzende Länder wie Holland oder die Nord- bzw. Ostseeküste im eigenen Land bieten wunderschöne Fleckchen zum Zelebrieren! Aber wie bereits erwähnt erfreuen sich freie Trauungen auch immer größerer Beliebtheit in südlichen Ländern!

Viele Seen, ob groß oder klein, bieten auch eine tolle Kulisse und manch ein Café oder Biergar-

In Ruhe und fern ab von großem Trubel treffen sich hier die wichtigsten Menschen zur Zeremonie.

Zuneigung und Verbundenheit spiegeln sich hier sehr schön wider.

ten in der Nähe bietet sich dabei auch als gutes Restaurant für die Feier im Anschluss an.

Eine Lichtung im Wald ist da schon eher ein etwas außergewöhnlicherer Ort. Aber auch hier gibt es Ausflugsziele und Waldhütten mit entsprechender Gastronomie, die als Geheimtipp die Möglichkeit zur Hochzeitsfeier der besonderen Art bieten…

Im heimischen Garten
Eine sehr familiäre Variante (im wahrsten Sinne des Wortes) ist die Möglichkeit den heimischen Garten für eine freie Zeremonie zu nutzen. Oft gewählt bei Willkommensfesten für den Nachwuchs, aber eben auch gern bei entsprechender Größe für das „Ja-Wort" bietet ein schön angelegtes Grundstück die Möglichkeit, einen ganz individuellen Rahmen zu schaffen. Ein Catering bietet sich dann hier für das Hochzeitsessen an.

Das Lieblingsrestaurant um die Ecke
Der Lieblingsitaliener, der sonntags gern besucht wird oder schon oft Anlaufstelle für tolle Feiern im Freundeskreis war, dient vielleicht auch nicht nur als Feierlokalität im Anschluss der Zeremonie, sondern hat eventuell auch einen schönen Innenhof und ein paar Zimmer zum Übernachten zur Verfügung, was für eine freie Trauung ganz hervorragend genutzt werden könnte.

Besondere Orte
Hiermit meine ich die Orte, die in besonderer Art und Weise dem Paar entsprechen. So kann zum

Beispiel ein Tennisplatz, der Golfclub, die Pferdekoppel des heimischen Reitstalles oder der Anglerteich des Fischereivereins zur Kulisse für Brautpaare werden. In jedem Fall sind dies Orte, die sicher nicht für Jedermann praktikabel sind und als erste Idee in den Sinn kommen, sondern einen besonderen Bezug für Braut und Bräutigam darstellen. Ein gemeinsames Hobby, wie z.B. das Tauchen oder das Fliegen können auch inspirierend sein für die Wahl des Ortes!

Freier Theologe oder freier Redner?

Die wohl wichtigste Entscheidung, die im Vorfeld getroffen werden muss, ist, die oder den passende/n freie/n Redner/in zu finden. Zum einen ist es ein großer Vorteil bei einer freien Trauung die Wahl zu haben und sich genau die Person zu suchen, bei der das Bauchgefühl eindeutig positiv ist und zum anderen sollte dies auch nicht anders sein, ist der freie Redner doch in diesem Falle ein Dienstleister mit einem nicht unerheblichen Kostenfaktor, der zu berücksichtigen ist.

Generell kann ein freier Theologe oder ein freier Redner gebucht werden. Aber wo genau liegt da nun der Unterschied? Nun, als freier Theologe ist es durch die Namensgebung schon eindeutig, dass diese Person auf einen religiösen Hintergrund zurückgreifen kann. Das bedeutet allerdings nicht, dass ein freier Theologe nicht auch eine sogenannte weltliche Trauung vollziehen kann. Im Gegenteil: Der freie Theologe kann religiöse Elemente mit einbeziehen oder eben auch nicht. Klar ist aber natürlich die Prägung einer solchen theologischen Persönlichkeit.

Der freie Redner hingegen kommt aus unterschiedlicher, beruflicher Richtung. Meist sind diese Dienstleister Personen, die in ihrem bisherigen, beruflichen Kontext mit Menschen und dem Thema Kommunikation in enger Verbindung standen. Das können beispielsweise Personaler, Trainer, aber auch Texter und Philosophen sein, die ihrer Profession und ihrem Talent Ausdruck verleihen.

Natürlich sind auch die Vorlieben zum Geschlecht des Redners unterschiedlich. Manche Paare wünschen sich explizit eine Frau, andere lassen sich lieber durch einen Mann begleiten. Auch das Alter spielt da schon mal eine Rolle, denn unbewusst suggerieren wir mit einer etwas älteren Person oft auch Erfahrung und Sicherheit. Auf alle Fälle wird der Redner eine Menge über das Leben des Paares erfahren und sollte , das absolute Vertrauen der beiden Verliebten genießen. Wer da am besten passt, kann und sollte nur das Paar entscheiden und in einem ersten, unverbindlichen Kontakt für sich herausfinden.

(> Auf Seite 118 findet sich eine kleine Übersicht zur Entscheidungshilfe!)

Kerstin Leyendecker im Innern des Schlosses Linnep bei
ihrer Ansprache!

Groß oder klein – wer soll alles dabei sein?

Wie viele Gäste zu einer freien Trauung eingeladen werden, ist eigentlich ganz unabhängig von der Art und Weise der Hochzeitsfeier als solche. Dennoch ist es auch bei einer freien Trauung wichtig zu bedenken, ob ausreichend Platz zur Verfügung steht, damit auch alle Gäste die Zeremonie verfolgen bzw. alles sehen und hören können. Natürlich sind bei separater Planung von Trauung und Feier auch unterschiedliche Einladungen möglich. Mit Empfang, ohne Empfang, mit Essen, ohne Essen, …

Etwas ganz besonderes stellen die freien Trauungen dar, wo das Paar ganz allein oder ggf. noch mit Trauzeugen oder besten Freunden/ Eltern die Zeremonie feiern. Es gibt danach kein großes Fest, sondern ein romantisches Wochenende zu zweit oder einen Ausflug mit eben jenen Gästen, die dabei sein sollen. Letztlich ist diese Entscheidung Geschmackssache und hängt eventuell auch vom Budget ab, welches das Paar für sich und die Hochzeit plant.

Eine von unzählig schönen Möglichkeiten, den Gästen ihren Platz zu zuweisen!

Musik – DJ
und/ oder Life-Gesang?

Für eine freie Trauung ist die musikalische Begleitung von enormer Bedeutung, denn Musik weckt Emotionen! Das Brautpaar darf frei wählen, welche Lieder gespielt werden sollen. Sie haben so noch einmal mehr die Möglichkeit, ihrer Persönlichkeit Ausdruck zu verleihen. So wird oft ein Lied gewählt, welches die beiden schon hunderte von Malen gemeinsam gehört haben. Oder Lieder, die ihre Liebe perfekt beschreiben.

Eher selten werden die Gäste auch dazu aufgerufen, etwas mit zu singen. Doch meist entscheidet sich das Paar dafür, eine CD abzuspielen oder bittet den DJ, der zu späterer Stunde für den musikalischen Part während der Feier zuständig ist, die Lieder vorzubereiten und abzuspielen.

Besonders schön ist bei einer freien Zeremonie sicher Life-Musik. Purer Gesang oder begleitet durch Gitarre oder Klavier ist diese Art der musikalischen Untermalung an Gänsehautfeeling nicht zu überbieten. Wenn man den oder die richtigen Musiker gefunden hat, sollte man diesen auch nutzen und an mehreren Stellen während des Ablaufes einbauen (> siehe Ablauf der Zeremonie).

Wenn eine zauberhafte Stimme live erklingt, berührt das die Herzen aller!

Sitzordnung

Der klassische Aufbau einer freien Trauung, bei-spielsweise in einem Schlossgarten, wird oft so gewählt, dass die Stühle oder Bänke zweigeteilt und hintereinander aufgebaut werden, so dass ein Mittelgang entsteht. Das Brautpaar selbst kann nun vorn mittig und mit dem Rücken zu den Gäs-ten sitzen, oder aber es wählt eine Variante, so dass es die Hochzeitsgesellschaft sehen kann, also z.B. schräg oder seitlich zueinander gerichtet.

Es gibt auch andere Varianten: eine Schaukel an einem Ast eines Baumes, auf der die Braut sitzt, ein Boot auf dem See und die Gäste sind drum herum, ein Sofa, frontal zu den Gästen auf-gestellt, und und und …

Ein weiterer Punkt zur Sitzordnung ist die Po-sition des freien Redners. Soll dieser stehen oder sitzen? Werden Tische benötigt, um etwas abzulegen, beispielsweise das Ringkissen oder eine Kerze? Wenn ja, wo soll dieser Tisch platziert werden!? Und wie soll er dekoriert werden?

Die Dekoration kann auch in den Bereich der Gästereihen mit einbezogen werden. In jedem Fall aber eignen sich schöne Hussen und Tischdecken, die den feierlichen Rahmen gewährleisten, und so manch nackten Tisch oder Stuhl verschönern.

Es ist ratsam, im Vorfeld eine kleine Skizze anzufertigen und ggf. die Gastronomen der Location nach ihren Erfahrungen und Vorschlägen zu fragen. Das Brautpaar sollte sich wohl fühlen!

Pachtvoll und dennoch schlicht: das Setting ist vorbereitet!

Es gibt drei klassische Sitzordnungen:

Variante 1/ mit dem Rücken zu den Gästen:

Das Brautpaar sitzt klassisch mit dem Rücken zu seinen Gästen oder aber gegenüber voneinander und damit ist ein seitlicher Blick auf die beiden möglich. Der freie Redner sitzt oder steht frontal davor. Zwischen ihm und dem Brautpaar kann ein Tisch stehen, auf dem Dekoration wie Blumen stehen kann, ein Ringkissen abgelegt wird, eine Kerze vorbereitet ist für das Ritual oder aber es liegen Taschentücher für die Tränen bereit. Der Tisch kann aber auch seitlich aufgebaut werden oder auch gar nicht verwendet werden.

Variante 2/ seitlich zu den Gästen:

Das Brautpaar sitzt seitlich und damit in Blickrichtung zu seinen Gästen in geöffneter Position. Der Redner ebenfalls gegenüber dem Paar, so dass auch er mit dem Paar wie auch den Gästen kommunizieren kann. Ein Stehtisch ist hier als Ablagemöglichkeit aufgebaut.

Variante 3/ im Halbkreis:

Bei dieser Variante stehen oder sitzen die Gäste im Halbkreis um das Brautpaar herum. Die Variante bietet sich bei kleineren Gesellschaften an, denn es entsteht eine geschützte Atmosphäre, in der alle Beteiligten die Möglichkeit haben, möglichst nah am Geschehen dran zu sein. Brautpaar und Redner bilden ein Dreieck, auch hier wieder gegenüber oder nebeneinander, stehend oder sitzend oder nur der Redner steht und alle übrigen sitzen…

Beschallungsanlage

Nichts wäre trauriger, als dass die Gäste nicht hören, was der Redner und das Brautpaar sprechen. Ich empfehle aus diesem Grund, immer darüber nachzudenken, ob es sich nicht lohnt, für den Zeitraum der Trauung ein bis zwei Boxen aufzustellen, die per Mikrofon die Sprecher unterstützen.

Generell gilt, dass eine Gesellschaft über 50 Personen im Freien definitiv elektronische Unterstützung benötigt.

Das Brautpaar sollte also klären, ob der Musiker oder DJ nicht vorab schon eine Anlage installieren kann, die der Redner mitbenutzen darf. Viele Redner besitzen aber auch eigene Anlagen, die entweder im Preis enthalten sind oder hinzu gebucht werden können.

Booklets und Hinweisschilder

Wir kennen es aus der Kirche: Ein begleitendes Programmheft leitet durch die Feierlichkeit und alle wichtigen Informationen sind hier abgedruckt. Ein solches Booklet wird manchmal auch bei freien Trauungen genutzt. Gerade für Gäste, die sich nichts unter dem Begriff der „freien Trauung" vorstellen können, kann ein solcher Ablauf hilfreich sein. Oder aber wenn die Trauung mehrsprachig ist, kann der abgedruckte und übersetzte Text helfen, alle Gäste in das Geschehen mit einzubinden. Notwendig ist es aber keinesfalls, sich zusätz-

Kleine Aufmerksamkeiten und Erklärungen vor einer mehrsprachigen Trauung.

lich diese Mühe zu machen. Wie immer gilt: alles kann, nichts muss!

Hinweisschilder oder Tafeln werden gern verwendet, um an Ort und Stelle den Weg zur Trauung zu zeigen, und den Gästen zu helfen, sich zu orientieren. Dies ist beispielsweise empfehlenswert, wo sich der Ort der Durchführung der freien Trauung abseits der Räumlichkeiten der anschließenden Feier befindet.

Freie Redner haben sicherlich auch hierzu eine Menge Erfahrungen zu berichten und können Tipps geben. Grundsätzlich muss es passen und ist schlicht und ergreifend Geschmackssache!

Stilvoll, dekorativ und wegweisend sind solche Schilder auf dem Gelände bzw. an Ort und Stelle

Kosten für einen freien Redner

Ein freier Redner, der das Paar kennenlernt und begleitet sowie die freie Trauung am Ort des Geschehens durchführt, kostet zwischen 700,- € und 1.200,- €. Die gesamte Summe klingt vielleicht erst einmal „deftig", aber es ist zu bedenken, dass sich ein guter freier Redner gerade auch im Vorfeld Zeit nimmt und sehr individuell auf das Paar abgestimmt arbeitet. Wie in jedem anderen Dienstleistungssektor auch, gibt es sicherlich günstigere Angebote und auch teurere Varianten. Es ist wichtig, sich detailliert über das Leistungsangebot zu informieren und Fragen zur Vorgehensweise zu stellen.

Eines ist aber von aller größter Bedeutung: das Bauchgefühl! Ich kann jedem Brautpaar nur raten, sich auf sein Bauchgefühl zu verlassen und erst nach einem unverbindlichen Kennenlerntermin mit dem freien Redner zu entscheiden, ob die berühmte „Chemie" stimmt.

Je nach Entfernung zum Wohnort oder zur Lokalität können zudem noch Reisekosten anfallen, die mit eingeplant werden sollten und es gibt ggf. auch Zusatzangebote, die „on top" gebucht werden können, wie z.B. eine Beschallungsanlage, eine gebundene Fassung der Rede als Erinnerung oder sonstige Leistungen in diese Richtung.

Weiterhin bieten einige Redner zudem Pakete an, die einen Rahmen vorgeben und je nach Vorstellungen und Budget inhaltlich eben mehr oder weniger Angebot enthalten.

Motto- oder Themenhochzeit

Eine mögliche Variante der freien Trauung ist die Motto-Hochzeit. Motto bedeutet in diesem Fall, dass sich das Brautpaar überlegt, der Hochzeit einen thematischen Rahmen zu geben. In den vergangenen Jahren ist beispielsweise das Thema „Vintage" sehr populär, die die 50er-Jahre wieder aufleben lassen, oder sogenannte „Boho"-Hochzeiten werden gefeiert. Der Blumenschmuck, die Kleiderwahl wie auch der Stil der Einladungskarten bis hin zur passenden Location sind dabei aufeinander abgestimmt und romantisch in Szene gesetzt.

Es gibt aber auch andere Mottos, die gewählt werden und je nach Geschmack detailliert durchgeplant und inszeniert werden können:

- 80er-Jahre-Party
- Reisen (die Hochzeit ist hierbei z.B. die „Reise ins Glück")
- Punk oder Rockabilly
- Black & White
- Fußball
- Disney- oder Filmthemen
- Cosplaytrauung im Trend des japanischen Verkleidungstrends

Wie wir unschwer an diesen unterschiedlichsten Themen erkennen können, sind auch an dieser Stelle der Fantasie keine Grenzen gesetzt und die freie Trauung bietet die optimale Möglichkeit, ein persönliches Motto in die Tat umzusetzen. Wer also keine Lust auf die klassische, romantische Variante hat und vor seinem inneren Auge verrückte oder liebevolle Ideen hat, darf sich gern austoben.

Trauzeugen & Co. – wer soll sonst noch mit einbezogen werden?

Längst ist es nicht mehr notwendig und obligatorisch, Trauzeugen zu benennen. Dennoch fühlt sich das Brautpaar meist wohler und sicherer, wenn nicht nur die engste Familie, sondern gerade auch die besten Freunde anwesend sind.

Es ist zu beobachten, dass sich die Art und Weise Hochzeit zu feiern, von den Amerikanern zu uns herüber geschwappt ist: Das zeigt sich zum Beispiel an den „Brautjungfern", die oft in gleichfarbigen Kleidern die Braut begleiten, sie vor ihrem Einzug zur Trauung ankündigen und ein hübsches Bild abgeben. Sie ersetzen nicht zwangsläufig eine Trauzeugin, dennoch kann natürlich eine oder mehrere der Damen diese Rolle übernehmen.

Ebenfalls gibt es für den Bräutigam die Möglichkeit, seine Jungs und besten Freunde mit ähnlichem Outfit wie dem Seinen auszustatten und sich begleiten zu lassen.

Aber natürlich geht es auch ganz ohne, oder eben klassisch und eher im Hintergrund.

Das Schöne und Besondere bei einer freien Trauung ist es, dass sich diese besonderen Menschen genauso wie wichtige Familienmitglieder sehr gern mit in die Zeremonie einbringen können.

Bei den vorbereitenden Gesprächen und Planungen wird deshalb eine Fragestellung sein, wer sich beteiligen soll, welchen Part die Person übernehmen kann oder ob das Brautpaar gar Überraschungen zulässt und im Vorfeld nichts von eventuellen Beiträgen erfährt.

Ein paar Bespiele an dieser Stelle:

- Die Cousine des Bräutigams singt in ihrer Freizeit, nicht offiziell, aber eben gut und gern und überrascht mit einer passenden Darbietung
- Dass sich das Brautpaar kennen gelernt hat, verdankt es einer gemeinsamen Freundin, die die Geschichte zum Auftakt vorträgt.
- Ein besonderer Text, den das Brautpaar für sich als eine Lesung gewünscht hat, verliest der Bruder
- Die über 90-jährige, streng katholische Omi, die zum ersten Mal einer freien Trauung beiwohnt, segnet das Paar auf ihre eigene Art und Weise mit einem kleinen Gebet
- Blumenkinder streuen Blüten und ebnen dem Paar den Weg
- Nichten/ Neffen, Kinder bringen die Ringevnach vorn
- Der Hund des Brautpaares hat am Halsband ein Schild mit einer Botschaft

Bei unterschiedlichen Nationen, die zueinander gefunden haben, ergibt sich oftmals auch eine Beteiligung bei Traurritualen, die ich im Folgenden noch näher erläutern werde. Hier gibt es oft ganz wunderbare Möglichkeiten, familiäre Riten oder ländertypische Gebräuche mit in die Trauung einfließen zu lassen!

Wie sagen wir es unseren Eltern/Großeltern

Ja natürlich, ein Brautpaar ist erwachsen und mündig und kann für sich allein entscheiden, ob, wann und wie es heiraten wird. Die freie Trauung ist jedoch nach wie vor gerade für die älteren Generationen noch nicht im Bewusstsein angekommen und so verstehen manche Eltern oder Großeltern nur schwer die Entscheidung ihrer Kinder, nicht in der Kirche heiraten zu wollen.

Diese Paare, deren Bindung sehr eng zu ihrer Familie ist, tun sich dann manches Mal schwer, die Katze aus dem Sack zu lassen und ihren Eltern von ihren Plänen zu berichten. Diesen Paaren gebe ich als freie Rednerin immer die Möglichkeit, ihre Eltern einmal zum Gespräch einzuladen oder gebe ihnen Tipps an die Hand. Und nach der freien Trauung war gerade bei Skeptikern immer ein rührendes und sehr positives Feedback die Quintessenz, die allen Beteiligten selbstverständlich sehr gut getan hat.

Worauf sonst noch zu achten ist

Was, wenn wichtige Menschen fehlen?

Leider erlebe ich es öfters, dass eine für das Brautpaar wichtige Person an diesem besonderen Tag fehlt. Manchmal ist es nur ein Zeitproblem, oder die Entfernung ist schlichtweg zu weit. Aber leider kommt es auch vor, dass eine schwere Krankheit vorliegt, die es unmöglich macht, Teil der Feier zu sein. Manches Mal ist jemand aber auch gar verstorben und diese Situation ist oftmals besonders schwer zu ertragen.

Es gibt nun mehrere Möglichkeiten, mit einer solchen Situation umzugehen. Meist möchten die Paare, dass auf irgendeine Weise auf diesen Umstand hingewiesen wird, aber sie sagen auch, dass sie auf keinen Fall wollen, dass die gute Stimmung darunter leidet. Was können wir also tun!? Nun, hier sind ein paar Möglichkeiten aufgeführt:

- einen Bilderrahmen mit einem schönen Text oder einem Foto zur Erinnerung auf den Brauttisch stellen
- einen Platz frei lassen, ggf. mit einer Blume oder Kerze diesen Platz schmücken
- bei der Begrüßung durch den freien Redner kurz einen Hinweis auf die fehlende Person sprechen lassen
- während der Zeremonie einen Luftballon steigen lassen für die Person
- die Braut/ der Bräutigam trägt ein besonderes Schmuckstück während der Trauung

Zum Zeichen des Grußes, als Wünsche oder in Erinnerung an die Menschen, die nicht anwesend sein können: Ballons am Himmel sind immer ein Genuss fürs Auge.

Durch diese Möglichkeiten oder Gesten lässt sich meist ein für alle Anwesenden schönen Rahmen schaffen, innerhalb dessen genügend Raum und Zeit ist, an diese Menschen zu denken, sich dann aber auch weiter auf die Zeremonie zu freuen!

Zweisprachige Trauung

Es gibt immer wieder Paare, die durch ihre unterschiedliche, familiäre Herkunft unterschiedliche Sprachen sprechen. Sicherlich ist es möglich, mit dem passenden Redner eine Trauung auch bilingual durchzuführen. Allerdings sollten hierbei einige Punkte beachtet werden:

- Der Zeitfaktor: Wird die gesamte Zeremonie bilingual geplant, dauert es oft sehr lang, um nicht zu sagen zu lang und die Gäste werden damit ggf. überfordert
- Die sprachlichen Kenntnisse des Redners: Reichen diese aus, um die Trauung sprachlich angemessen zu gestalten? Oder übernimmt die jeweilige Übersetzung ein Familienmitglied? Dann muss vorab eine gute Kommunikation zum freien Redner gewährleistet sein, sowie sein Wille, sich diese zusätzliche Zeit zu nehmen.
- Anfallende Zusatzkosten zum Honorar: Mit dem freien Redner sollte definitiv über eventuell anfallende Mehrkosten bzgl. zusätzlichen Zeitaufwand gesprochen werden.
- Booklets oder Aufsteller: Ähnlich wie in der Kirche könnten kleine Programmhefte helfen, die Teile der Rede oder Texte in übersetzter Variante schriftlich für die jeweiligen Gäste bereit zu halten oder einen Aufsteller zu nutzen, z.B. in Form einer

stilvollen Tafel, die die wichtigsten Teile oder den Ablauf zusammenfasst und somit einen Hinweis gibt zu dem, was als nächstes passieren wird.

Ich möchte an dieser Stelle noch einmal den Tipp geben, nicht ALLES zu übersetzen, sondern nur die wirklich wichtigen Teile entweder abzudrucken oder tatsächlich in der jeweiligen Landessprache zu wiederholen. es ist eine Wertschätzung für all diejenigen, die kein Deutsch verstehen.

Die Durchführung einer freien Trauung

Ablauf und Zeitplan im Allgemeinen

Es gibt nicht DEN Ablauf einer freien Trauung! Kreative Paare können und sollen unbedingt ihre eigenen Vorstellungen verfolgen und gemeinsam mit dem freien Redner besprechen.

Nach unzähligen Gesprächen und Trauungen habe ich aber immer wieder festgestellt, dass doch so manches Paar unsicher ist und nicht recht weiß, wie ihre Trauung aussehen soll. Dann werde ich gern gefragt nach Inhalten und einem möglichen Ablauf. Und so hat sich dann auch über die Jahre hinweg und auch durch den Austausch mit anderen freien Rednern ein Prototyp, also ein möglicher Ablauf als „roter Faden" etabliert.

Die Reihenfolge der einzelnen Elemente wie auch die inhaltliche Gestaltung und das Wiederkehren von manchen Punkten kann dabei selbstverständlich variieren. Meist entwickeln Paare einen ganz eigenen Ablauf auch erst im Laufe der Vorbereitungszeit, dann, wenn die Inhalte Gesichter bekommen und klarer werden und sich daraus spezielle Ideen und Wünsche ergeben.

Hier aber nun ein Fahrplan zum Gestalten:

1. Einzug der Braut/ der Brautleute
2. Begrüßung durch den freien Redner
3. Die Geschichte des Brautpaares
4. Die Lesung/ Text
5. Der Trauspruch
6. Die Trauung
7. Das Trauritual
8. Glückwünsche, Fürbitten aller Art
9. Verabschiedung und ggf. organisatorische Hinweise
10. Auszug des Brautpaares

Musik zwischendurch darf nicht fehlen! Meist wird ein Lied zum Ein- und zum Auszug geplant. Es eignen sich aber auch einige Stellen, um Inhalte zu untermalen, zu bekräftigen und letztlich auch um den Spannungsbogen aufzubauen (bspw. nach der Geschichte des Brautpaares oder nach dem Ja-Wort!).

Nimmt man diesen Prototyp als Abfolge und plant ein bis zwei zusätzliche Musikstücke während der Zeremonie ein, dauert eine freie Trauung ungefähr 40-50 Minuten.

Meist ist diese Zeitplanung auch gerade richtig: nicht zu kurz und nicht zu lang! Man kann im Allgemeinen davon sprechen, dass sich die meisten freien Trauungen im Rahmen zwischen 30 und 60 Minuten bewegen. Das hängt zum einen davon ab, ob und wie viel Musik zwischendurch geplant wird und ob Teile des oben genannten Ablaufs wegfallen sollen oder gar noch etwas hinzugefügt wird.

Der Ablauf im Detail

Schauen wir uns den beispielhaften Ablauf einmal etwas genauer an. Was verbirgt sich eigentlich hinter all den Begriffen und was muss vorab tatsächlich geplant und bedacht werden?

Einzug der Braut/ der Brautleute

Musikalisch untermalt mit Live-Gesang, Musik von der CD abgespielt oder begleitet von anderen Highlights, schreitet die Braut allein, von Ihrem Vater, Bruder, Freund geführt oder auch vom Zukünftigen begleitet, zum Traualtar.

„She is mine" – „he is mine". Das geschmückte Schuhwerk begleitet auf den ersten Wegen als Ehepaar.

Die Begrüßung

Hier wird der Rahmen für die Freie Trauung gesetzt und das Brautpaar nebst Angehörigen und Gästen begrüßt. Das Paar bespricht zudem im Vorfeld, ob es Gäste gibt, die besonders begrüßt werden sollen, weil sie vielleicht von weiter her angereist sind oder einfach einen besonderen Bezug zueinander haben.

Die Geschichte des Brautpaares

Eingeleitet von standesgemäßen und feierlichen Worten folgt nun die persönliche Geschichte

Dieses Setting gilt als klassischer Aufbau für die Zeremonie-
die Rednerin stehend vor den Gästen und dem Brautpaar.

der Verliebten. Vom Kennenlernen bis zum ersten Kuss, der Antrag, wichtige Ereignisse, Höhen und Tiefen und die Erwähnung wichtiger Menschen auf Ihrem bisherigen Weg. Dabei entscheiden die Brautleute, selbst wie der individuelle Teil der Rede gestaltet werden soll und welche „Geheimnisse" offenbart werden sollen oder dürfen.

Dies ist sicher der längste Part und damit der Hauptredeanteil des freien Redners – nämlich die eigentliche Traurede!

Die Lesung/ Texte

Der Moment für philosophische Texte, Lyrics, Sagen, Märchen, Gedichte, Liebestexte, humorvolle Texte oder individuelle Poesie. Vielleicht hat auch jemand aus den Gästereihen oder in der Familie selbst etwas verfasst und möchte es in die Zeremonie integrieren!? Alles, was zum Brautpaar passt, ist erlaubt und unterstreicht die individuelle Note der Trauung.

Der Trauspruch

Ein Trauspruch freier Wahl, ob weltlich oder geistlich, der das Paar für die Zukunft begleiten soll, oder der ihr Leitspruch geworden ist. Häufig wird auch bereits ein Spruch in der Einladung gewählt, den man hervorragend aufgreifen kann. Hier ist aber auch wichtig zu sagen, dass „nichts muss" und ein Spruch nur dann Sinn macht, wenn

Wenn eine Sandkastenliebe den schönsten Tag im Leben feiert.

sich das Paar damit identifiziert und es kein hohles Wort ist, was nichts mit dem Leben der beiden zu tun hat. Allgemein gesagt gilt: biblisch – literarisch – philosophisch – oder eigene Kreation!? Alles, was Recht ist!

Die Trauung

Das JA-Wort, das sich die Brautleute geben, emotional eingebunden in das Eheversprechen oder lieber ohne Eheversprechen, rückt hierbei in den Vordergrund. Wenn ein Eheversprechen gesprochen werden soll, kann dies vom Brautpaar selbst verfasst und vorgetragen werden, oder es wird vom

Stillleben mit Schuhen! Das Brautpaar verspricht sich ewige Liebe!

Hochzeitsredner übernommen. Als Abschluss folgen der Ringtausch und natürlich der Kuss!

Das Trauritual

Ein schönes Ritual verbindet das Brautpaar noch inniger und ist eine gute Möglichkeit, die Gäste aktiv in die Freie Trauung einzubeziehen. Es gibt eine Vielzahl von Trauritualen und nicht jedes ist für jedes Paar geeignet. Manche Paare haben eigene Ideen, die sie gerne umsetzen möchten. In jedem Fall wird das passende Trauritual für ihre Zeremonie festgelegt. Hier ein paar Beispiele für passende Rituale:

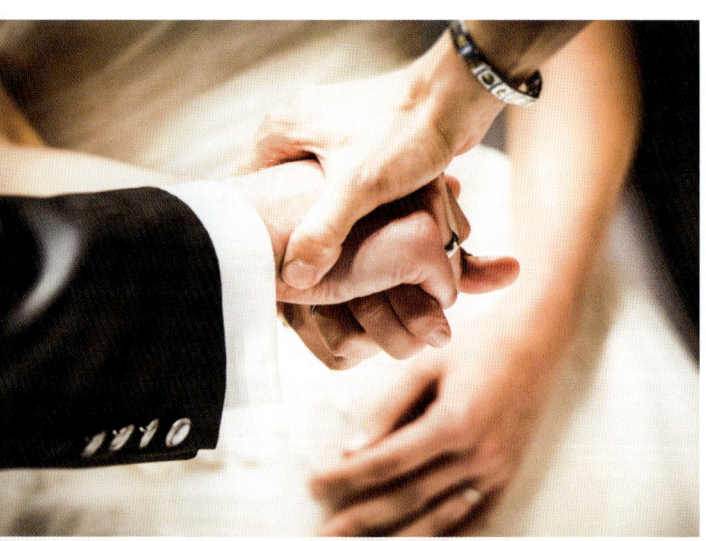

Zum Abschluss an das Ja-Wort folgen persönliche Worte und Wünsche an das Brautpaar.

Trauringe an einer Schnur

Ein Band wird durch die Reihen der Gäste gegeben. Vor dem Eheversprechen werden die Ringe auf das Band gezogen und können so von Gast zu Gast wandern. Jeder Gast hält sie kurz und spricht seinen Wunsch oder Segen für das Paar in die Ringe. Am Ende gelangen sie beim Brautpaar an und enthalten die Wünsche der Gäste.

Bei Aufregung und Sommerwetter kann der Ring auch schon mal stecken bleiben.

Ein Band symbolisiert Verbundenheit und Vertrauen pur!

Das Ritual ist sehr gut geeignet, um alle Gäste mit in die Zeremonie einzubinden!

Brot oder Kuchen brechen

Traditioneller Ritus um ein neues Familienmitglied in der Familie willkommen zu heißen.

Jeweils ein Vertreter der Schwiegerfamilie kommt mit einem Tablett mit Brot und Wasser (Kuchen und Wein) zum Brautpaar. Das Brot wird gebrochen und gegessen und es wird ein Schluck Wasser getrunken. Somit ist der jeweilige Partner nun Teil der Familie des anderen.

Steine oder Pappherzen

Kleine Steine oder Herzen aus Pappe werden auf den Plätzen verteilt. Entweder schon beschriftet oder der Gast schreibt seinen Namen darauf. Er schreibt seine Wünsche auf den Stein/ auf das

Eine Kerze wird zu Beginn der Zeremonie und nach der Trauung entzündet.

Herz und legt ihn dann auf ein Tablett oder in ein großes Glas. Zur Erinnerung wird es dem Brautpaar übergeben oder mit den Steinen wird am Ende eine Herzform auf den Boden gelegt.

Traukerze mit Gedicht oder Text
Die Trauzeugin/ ein Blumenkind etc. bringt eine Kerze nach vorn, zündet sie an und der Redner oder ein Trauzeuge liest ein Gedicht oder einen Text. Oder die Kerze ziert einen schön geschmückten Tisch, der nahe den Brautleuten steht und sie wird zu Beginn der Zeremonie vom Brautpaar entzündet.

Ein Beispiel für einen schönen Text:

Die Halle mit Licht füllen

Ein König hatte zwei Söhne. Als er alt wurde, da wollte er einen der beiden zu seinem Nachfolger bestellen. Er versammelte die Weisen seines Landes und rief seine Söhne herbei. Er gab jedem der beiden fünf Silberstücke und sagte: „Füllt für dieses Geld die Halle in unserem Schloss bis zum Abend. Womit, das ist eure Sache." Die Weisen sagten: „Das ist eine gute Aufgabe." Der ältere Sohn ging davon und kam an einem Feld vorbei, wo die Arbeiter dabei waren, das Zuckerrohr zu ernten und in einer Mühle auszupressen. Das ausgepresste Zuckerrohr lag nutzlos umher. Er dachte sich: „Das ist eine gute Gelegenheit, mit diesem nutzlosen Zeug die Halle meines Vaters zu füllen." Mit dem Aufseher der Arbeiter wurde er einig, und sie schafften bis zum späten Nachmittag das ausgedroschene Zuckerrohr in die Halle. Als sie gefüllt war, ging er zu seinem Vater und sagte: „Ich habe deine Aufgabe erfüllt. Auf meinen Bruder brauchst du nicht mehr zu warten. Mach mich zu deinem Nachfolger." Der Vater antwortete: „Es ist noch nicht Abend. Ich werde warten." Bald darauf kam auch der jüngere Sohn. Er bat darum, das ausgedroschene Zuckerrohr wieder aus der Halle zu entfernen. So geschah es. Dann stellte er mitten in die Halle eine Kerze und zündete sie an. Ihr Schein füllte die Halle bis in die letzte Ecke hinein. Der Vater sagte: „Du sollst mein Nachfolger sein. Dein Bruder hat fünf Silberstücke ausgegeben, um die Halle mit nutzlosem Zeug zu füllen. Du hast nicht einmal ein Silberstück gebraucht und hast sie mit Licht erfüllt. Du hast sie mit dem gefüllt, was die Menschen brauchen."

(Von den Philippinen)

Bäumchen pflanzen oder wässern

Ein Bäumchen wird symbolisch während der Zeremonie gepflanzt oder gewässert und wird dann später an einem besonderen Ort in die Erde gesetzt. Hier wird das Symbol zu gemeinsamen Wachsen und auch der Fruchtbarkeit für die Ehe deutlich gemacht.

Die Wurzeln des Baumes bilden die Basis, Wachstum und Fruchtbarkeit stehen in engem Zusammenhang mit einer jungen Ehe.

Auch zu diesem Ritual lassen sich Texte oder Gedichte verlesen, wie zum Beispiel:

Mein Baum

Aus dem kleinen Pflänzchen Liebe
wächst ein wunderschöner Baum,
überall entstehen neue Triebe,
werden Zweige zu erfülltem Traum.

Vertrauen, heißt der eine Ast,
in Liebe an einander denken.
Den Alltag lösen ohne Hast,
uns jeden Tag neu schenken.

Der nächste Ast entsteht aus Achtung,
aus offen sein und Ehrlichkeit,
die Treue, sie hat auch Bedeutung,
sie ist des Baumes grünes Kleid.

Viele weitere Äste folgen dann,
Verständnis, Reden und Zärtlichkeit,
damit der Baum der Liebe wachsen kann,
in eine wundervolle Zweisamkeit.

Ein tägliches Hegen und Pflegen
für den Baum der Liebe getan,
wie Sonne, Wind und Regen,
nimmt er es gerne an.

Das Lachen bringt auch Fröhlichkeit,
Gemeinsames hilft weiter,
sieh ihn dir an, zu jeder Zeit,
ein Baum wie eine Himmelsleiter.

Glückliche Augenblicke wie kleine Blättchen sprießen
durch die Liebe wird dieses Wunder vollbracht,
Geben und Nehmen, in Harmonie beschließen,
nun steht der Baum in seiner vollen Pracht.

(Karin Thießen)

Der Gärtner und der Rosenstock

Es war einmal ein Gärtner. Der konnte sich nicht ent-
scheiden, ob er die Frau, die er liebte, nun heiraten sollte
oder nicht. Eigentlich sprach nichts dagegen. Er fühlte sich
in ihrer Nähe wohl, konnte mit ihr sowohl ernsthafte Ge-
spräche führen als auch lachen, war für gemeinsame Kinder
offen und wollte mit ihr zusammen alt werden. Aber na-
türlich beinhaltete ein lebenslanges Ja auch gewisse Risiken.
Jeder kam aus einem anderen Elternhaus und würde man-
ches in die Ehe einbringen, das zu einem Streit führen
konnte. Auch änderten sich viele Menschen im Laufe der
Zeit. Was wäre, wenn sie sich auseinander lebten? Würde
ihre Liebe diesen Belastungsproben standhalten können?
Grübelnd stand der junge Gärtner beim Rosenbeet und

kam zu keiner befriedigenden Antwort. Da näherte sich ein alter Mann, der für seine Frau einen Rosenstock kaufen wollte. Der Gärtner wusste, dass dieser Mann seit vielen Jahren glücklich verheiratet war. Also bat er ihn um Rat. Doch der alte Mann war so mit dem Aussuchen des Rosenstocks beschäftigt, dass es so wirkte, als habe er die Frage überhört. Er betrachtete jede Pflanze, roch an den Rosenblüten, begutachtete die Stacheln, zählte sogar die vorhandenen Knospen und blieb schließlich vor einem Rosenstock mit unzähligen dunkelroten Blüten stehen. Der Gärtner beglückwünschte den alten Mann: „Sie haben eine gute Wahl getroffen. Dieser Rosenstock ist wirklich etwas ganz Besonderes". Der alte Mann blieb jedoch unsicher und entgegnete: „Ich kann mich nicht entscheiden, ob ich ihn wirklich nehmen soll. Oberflächlich betrachtet ist diese Pflanze makellos. Aber wer weiß, was sie für Wurzeln hat." „Schauen Sie die kräftigen Blüten und die dicken Blätter an" sagte der Gärtner. „Der Rosenstock muss einen gesunden Wurzelstock haben, sonst wäre er nicht gewachsen." „Ja, das mag stimmen", meinte der alte Mann. „Aber wer garantiert mir, dass der Rosenstock im nächsten Jahr auch so wunderbar wächst und blüht?" „Im Moment deutet alles darauf hin", erwiderte der Gärtner. „Aber das weitere Wohlergehen des Rosenstocks hängt natürlich auch von Ihnen ab." Da lächelte der alte Mann und sagte: „Ebenso verhält es sich auch mit dem Partner, den man heiraten möchte." Er bezahlte den Rosenstock und ließ einen nachdenklichen Gärtner zurück, der schon bald eine wichtige Entscheidung fällen sollte.

(Autor unbekannt)

Baumstamm zersägen

Dies ist ein traditionelles, alt-deutsches Ritual. Die Brautleute zersägen einen Holzstamm und beweisen damit Teamwork für ihr künftiges Eheleben.

Zweifarbiger Sand im Glas

Zwei Gläser, gefüllt mit verschiedenfarbigem Sand stehen auf dem Trautisch. Symbolisch werden nun die Behälter in einem anderen, größeren vermischt, so wie eure Leben nun mit einander vereint sind. Als Erinnerung kann man die Karaffe im Haus oder der Wohnung aufstellen.

Gipsabdrücke der frisch Vermählten

In Gips oder Ton drücken die Brautleute ihre Hände mit dem Ehering. Als Erinnerung kann das kleine Kunstwerk hinterher gerahmt oder bemalt werden und ist so eine schöne Erinnerung!

Puzzle

Manchmal besteht eine Liebesgeschichte sprichwörtlich aus einzelnen Teilen. Diese symbolisch als (selbstgestaltetes) Puzzle zusammengefügt kann ein sehr schönes Ritual darstellen.

Besiegelung der Ehe

Die Brautleute unterschreiben und/oder stempeln ein von ihnen und/ oder dem Redner angefertigten Dokument. Die Texte ihrer Eheversprechen oder für sie passende Zeilen zur Zeremonie werden zu einer wundervollen Erinnerung an diesen Tag.

Hier wird das Versprechen dokumentiert und besiegelt!

Versprechen der Trauzeugen
Alternativ dazu können aber auch die Trauzeugen ihrem Brautpaar versprechen, zu begleiten und ihrer Seite zu sein.

Die Trauzeugen verlesen einen von ihnen oder dem Redner ausgearbeiteten Text, in dem sie dem Brautpaar ihre Unterstützung zusichern, Wünsche aussprechen etc. und unterschreiben im Anschluss feierlich drei dieser Dokumente, für jede Partei eines.

Hier ein Textbeispiel für Trauzeugen:

Wir, Jennifer und Thomas, sind Wegbegleiter und Teil eures Lebens. Ihr habt uns ausgewählt, um euch an diesem heutigen Tag zu begleiten und euch auch weiterhin als treue Wegbegleiter zur Seite zu stehen.

Wir möchten euch immer in eurer Liebe bestärken, euch unterstützen und für euch da ein. Wir möchten unsere Arme immer schützend wie einen warmen Mantel um euch legen und euch auch bei Sturm und Streit, in schwierigen Lebenslagen, sei es auch bei zweifelhaften Momenten zeigen, dass es sich lohnt, füreinander zu kämpfen.

Denn eure Liebe ist rein und aufrichtig und so soll sie bleiben. Nichts und niemand soll euch auseinander bringen oder einen Keil zwischen euch treiben.

Wir freuen uns auf gemeinsame schöne Stunden, auf Freude, die wir mit euch teilen wollen und auf alles, was eure Ehe mit sich bringen mag.

Als Trau-Zeugen sind wir heute Zeugen eures Ja-Wortes und eures Versprechens füreinander. Daran werden wir immer denken und euch immer daran erinnern.

Wir lieben euch, wir glauben an euch und wir sind stolz, an eurer Seite sein zu dürfen.

Gewürzmischung oder Cocktail
Mittlerweile gibt es professionelle Anbieter zur Mischung von Gewürzen, Cocktails oder anderen Lebensmitteln, die zum Brautpaar passen. Zu einem späteren Zeitpunkt abgefüllt in kleinen Gefäßen oder Säckchen bieten sich diese Mischungen übrigens auch als Gastgeschenk an oder die Gäste stoßen mit dem persönlichen Getränk auf das Glück des Paares an.

Brautbecher / Hochzeitsbecher
Der Brautbecher beruht auf einer langen Tradition. Es gibt eine Geschichte die besagt, dass einst die Tochter eines Edelmannes ihren Bräutigam auswählte, der dem Vater nicht gefiel und er ihm deshalb eine vermeintlich unmögliche Aufgabe stellte. Einen Becher zu schmieden, aus dem beide Brautleute gemeinsam trinken könnten. Dies gelang dem jungen Mann jedoch und so durfte er seine Braut heiraten. Bis heute gilt ein solcher Becher als Symbol der Liebe, Treue und Hoffnung des großen, gemeinsamen Glücks.

Wichtige Menschen mit persönlichen Worten können der Trauung eine besondere Note verleihen!

Kreis um das Brautpaar bilden

Wenn sich das Brautpaar ihr Ja-Wort gibt, können alle oder einige ausgewählte Gäste oder Kinder einen Kreis um die frisch Vermählten bilden und so symbolisch das Glück und die Liebe der beiden schützen

Feuerritual

Für spirituelle Menschen oder Esoterik-Liebhaber kann ein Feurritual genau das richtige Ritual sein. Es gibt mehrere mögliche Varianten und begleitende Sprüche, die dieses Spektakel besonders und unvergesslich machen!

Individuelle Ideen zu Ritualen

Während oder nach den Vorgesprächen ergeben sich auch ureigene Ideen und Vorschläge zu einem individuellen Ritual, welches dann wie ein kleines

Wahrzeichen eine eigene Bedeutung bekommt und für sich bzw. für das Brautpaar steht.

Immer wieder möchte ich darauf hinweisen, dass jedes Paar für sich frei entscheiden oder wählen kann, ob sie überhaupt ein Ritual wünschen und wenn ja, welches Ritual zu ihnen passt. Heraus kommen dürfen auch verrückte Ideen oder gar mehrere Rituale, die an unterschiedlichen Stellen während des Ablaufs eingeplant werden. Also zum Beispiel zu Beginn wird eine Kerze entzündet, nach der Geschichte ein Bäumchen gewässert und kurz vor dem „Ja-Wort" die Ringe an einer Schnur durch die Gästereihen gegeben.

(> mehr hierzu folgt im nächsten Kapitel)

Glückwünsche und Fürbitten aller Art
Ob klassisch, lustig oder mit speziellem Inhalt. Hier haben Trauzeugen, Freunde und Familienangehörige die Möglichkeit Ihre Texte und (Glück-) wünsche vorzutragen. Das Paar kann von den

Für immer im Herzen sind die Wünsche der Gäste, wenn sie eingesammelt und in einer kleinen Schatztruhe verwahrt werden.

Personen wie auch vom Inhalt der Wünsche überrascht werden oder aber auch dieser Part wird
vorab genau geplant und vorbereitet.

Die Verabschiedung

Das Beschließen der Zeremonie und Platz für Or-
ganisatorisches, z.B. Ort- und Zeitangaben für Sektempfang, Fotoshooting, Abendessen und andere
Dinge wird nun vom freien Redner übernommen.
Das Ende der Zeremonie wird so eingeleitet.

Der Auszug

Das nun vermählte Brautpaar geht gemeinsam, von
Ihren Gästen gefolgt oder nach den Gästen den
Glückwünschen (beim Sektempfang) entgegen. Es
wird hierbei gern musikalisch begleitet. Manchmal
findet die freie Trauung aber auch bereits nach der
eigentlichen Trauung ihr Ende. Musik erfolgt, die
Gäste gehen auf das Paar zu und gratulieren, so
dass ein eigentlicher Auszug entfällt! Der Sektempfang folgt dann meist direkt im Anschluss daran.

Eine Traurede kann frei vorgetragen oder verlesen werden.

Zu romantischen oder fröhlichen Klängen führt das Paar den Hochzeitszug an.

Beispiele für Texte, Musik & Spruchsammlung sowie Fragen zum „Ja-Wort"

Für einen ersten Eindruck, welche Texte für eine Lesung passend sind und welche Trausprüche ggf. ausgewählt werden können, habe ich hier ein paar Beispiele aufgelistet. Aber natürlich können auch eigene Texte oder Liedtexte etc. gewählt werden.

Musik für die Trauung

Für Musik ist ganz einfach der individuelle Geschmack gefragt: vom klassischen Hochzeitsmarsch Felix Mendelssohns oder Richard Wagners, bis hin zu modernen Songs aus den aktuellen TOP 10 oder dem persönlichen Lieblingslied – alles ist möglich!

Äußerst gern gewählte Musikstücke sind:

Klassisch:
Brautmarsch aus „Lohengrin" von Wagner
Hochzeitsmarsch „Sommernachtstraum" von Mendelssohn- Bartholdy
Toccata + Fuge von Bach
Ave Maria von Schubert oder Bach
Air von Bach
Allegro Maestoso e Vivace Sonata No 3 von Felix Mendelssohn-Bartholdy
Canon in D-Dur von Johann Pachelbel
Ankunft der Königin von Saba von Georg Friedrich Händel
Bist du bei mir von Johann Sebastian Bach
Trumpet Tune von Henry Purcell
Fanfare von Nicolas Jacques Lemmens
Ave verum von Mozart

Modern:
Oh happy day oder I will follow him oder Amazing Graceals Gospel
One moment in Time von Whinttney Houston
Can you feel the love tonight von Elton John
The circle of life von Elton John
These are the special times von Celine Dion
Das Beste von Silbermond
Sag es laut von Xavier Naidoo
Marry you von Bruno Mars
All for Love von Brian Adams
Nothing else matters (Chorversion) von Metallica

Texte für die Lesung

Hector und die Geheimnisse der Liebe

In der folgenden Nacht, hatte Hektor einen Traum.

Er war auf dem Gipfel eines schönen chinesischen Berges, und an seiner Seite stand ein alter Mönch, den er auf seiner vorigen großen Reise kennengelernt hatte. Der Mönch las aufmerksam einen Text über die fünf Komponenten des Liebeskummers, den Hector mitgebracht hatte. Um sie herum gab es Sonne und Wolken und Wind, der die Blätter in den Händen des alten Mönchs flattern ließ. Als er fertig war mit dem Lesen, lächelte er.

„Das ist gut", sagte er, „doch haben Sie nur die dunkle Seite der Liebe behandelt."

„Aber wie spricht mal von der hellen?"

„Es ist dieselbe", sagte der alte Mönch, und dann lachte er.

Und mit einem Schlag sah Hector alles klar vor sich. Fünf Komponenten hier, fünf Komponenten dort.

ERSTE KOMPONENTE DER LIEBE: Erfülltheit Das Glück, dem geliebten Wesen einfach nahe zu sein. Das Gefühl der inneren Ruhe, wenn wir das geliebte Wesen lachen, schlafen oder nachdenken sehen, das unvergleichliche Glück, einander einfach nur zu umarmen.

Dieses Gefühl kannte auch Hector.

ZWEITE KOMPONENTE DER LIEBE: Freude am Geben Man ist glücklich darüber, andere glücklich zu machen. Man sagt sich, dass das geliebte Wesen mit uns Arten des Glücks kennenlernt, die ihm sonst verschlossen geblieben wären, dass wir ein neues Licht in sein Leben gebracht haben, genauso, wie es selbst ein Licht in unser Leben brachte.

Hector erinnerte sich, dass dies einer der Lektionen ähnelte, die er auf seiner ersten Reise bei dem alten Mönch gelernt hatte: *Glück ist, wenn wir an das Glück der Menschendenken, die wir lieben.*

DRITTE KOMPONENTE DER LIEBE: Dankbarkeit Wir sind erstaunt und entzückt über alles, was wir dem geliebten Wesen verdanken, über die Freuden, die es uns gespendet hat, über die Art und Weise, wie es uns größer werden ließ, wie es uns Selbstvertrauen spendete und uns zu verstehen wusste, wie es Vergnügungen und Kummer mit uns teilte.

Hector besann sich darauf, dass Clara eines Tages zu ihm gesagt hatte: „Danke, dass es dich gibt!" Und er hätte ihr genau mit den gleichen Worten antworten können.

VIERTE KOMPONENTE DER LIEBE: SelbstvertrauenEs macht uns froh, dass wir wir selbst sind, denn schließlich liebt das geliebte Wesen ja gerade uns mit unseren Stärken und Schwächen. Trotz aller Schicksalsprüfungen und Fehlschläge, der Kritik der anderen und der Unwirtlichkeit der Welt fühlen wir ein bisschen Vertrauen in uns, und das aufgrund der einen Sache, die für uns wirklich zählt: der uns geschenkten Liebe.

Hector dachte an all die Personen, denen er als Psychiater geholfen hatte, aber er wusste, dass es ihm nur gelungen war, weil immer noch jemand da war, der seine Patienten bedingungslos geliebt hatte.

FÜNFTE KOMPONENTE DER LIEBE: Heitere GelassenheitWir wissen um die Wechselfälle des Daseins und seinen immer traurigen Ausgang, aber ebenso wissen wir, dass uns das geliebte Wesen auf der Kreuzfahrt des Lebens begleiten wird. Krankheiten, die Prüfungen des Lebens, alles wird uns erträglich, wenn wir das geliebte Wesen an unserer Seite haben, in guten wie in schlimmen Zeiten, in glücklichen wie in schicksalsschweren Stunden.

Hector war ein bisschen zu jung, als dass er schon oft an diese Komponente gedacht hätte, aber als er den lächelnden alten Mönch sag, wurde ihm klar, wie wichtig sie war.

Später schickte er die fünf Komponenten der Liebe dem alten François und dachte, sie würden ihm guttun.

(François Lelord)

Von der Ehe

Ihr wurdet zusammen geboren
und ihr werdet auf immer zusammen sein.
Ihr werdet zusammen sein,
wenn die weißen Flügel des Todes eure Tage scheiden.
Ja, ihr werdet selbst im stummen Gedenken Gottes zusammen sein.
Aber lasst Raum zwischen euch.
Und lasst die Winde des Himmels zwischen euch tanzen.
Liebt einander, aber macht die Liebe nicht zur Fessel:
Lasst sie eher ein wogendes Meer zwischen den Ufern eurer Seelen sein.
Füllt einander den Becher, aber trinkt nicht aus einem Becher.
Gebt einander von eurem Brot, aber esst nicht vom selben Laib.
Singt und tanzt zusammen und seid fröhlich, aber lasst jeden von euch allein sein,
So wie die Saiten einer Laute allein sind und doch von derselben Musik erzittern.
Gebt eure Herzen, aber nicht in des anderen Obhut.
Denn nur die Hand des Lebens kann eure Herzen umfassen.
Und steht zusammen, doch nicht zu nah:
Denn die Säulen des Tempels stehen für sich,
Und die Eiche und die Zypresse wachsen nicht im Schatten der anderen.

(Khalil Gibran)

Zwei Kugelhälften

Als das Leben am Anfang stand, fielen unzählige Kugeln auf die Erde. Bei ihrem Aufprall zersprangen sie in zwei Hälften. Uneben und frei auseinander geteilt symbolisieren sie die unterschiedlichen Charaktere zweier Menschen. Doch jede dieser auch noch so verschiedenen Halbkugeln ist für ein Gegenstück bestimmt, so wie auch zwei Menschen füreinander bestimmt sind. Wir alle sind auf der Suche nach unserer anderen Hälfte, eben nach der anderen halben Kugel. Wenn ihr glaubt, ihr habt Eure andere Hälfte gefunden, dann werdet ihr feststellen, dass die beiden halben Kugeln oft nur an einer einzigen kleinen Stelle passen, was Ihr durch sorgfältiges Drehen und Probieren herausfinden könnt. Es ist ganz natürlich, dass es am Anfang hakt und hängen bleibt. Aber genau das macht Sinn - denn: nicht alles kann von vornherein passen und übereinstimmen. Nun müssen beide an ihrer halben Kugel arbeiten, schleifen und feilen. Nur langsam und in kleinen Schritten ebnet sich dieser kantige Bruch durch das Geben und Nehmen in der Liebe. Nach einiger Zeit, wenn sich beide Hälften abgeschliffen haben, lassen sie sich fast reibungslos zu einer Kugel formen. Aber eben nur fast, genau passen - wie am Anfang unserer Zeit - darf es nie, sonst verliert man seine Persönlichkeit und das was den Menschen an Eurer Seite ausmacht. Jedoch eines vergesst nie: Ihr sollt nicht an der anderen, sondern stets an der eigenen Hälfte feilen.

(nach Platon)

Rezept für eheliches Glück

Man nehme die Liebe zweier Menschen und vermische sie mit zwei Kilo Hoffnung.
Dann gebe man hinzu:
- ein Kilo Vertrauen,
- eine größere Menge Vergebungsbereitschaft,
- einige Spritzer kleiner Aufmerksamkeiten und Gefälligkeiten,
- ein gutes Pfund Güte,
- eine große Portion Humor,
- 100 Gramm Selbstverwirklichung,
- ein Kilo Nachsicht
und vermenge alles miteinander.
Um einen faden Geschmack zu vermeiden, gebe man eine Prise Verrücktheit und einen großen Schuss Kreativität hinzu. Natürlich darf eine große Portion Geduld nicht fehlen.
Das Ganze ist mit gleichmäßiger Wärme auf kleiner Flamme zu backen. Von diesem Ehekuchen braucht ihr jeden Tag nur ein kleines Stückchen zu essen, damit eure Ehe glücklich wird.

Leuchtturm Songtext

Ich geh mit dir, wohin du willst
Auch bis ans Ende dieser Welt
Am Meer, am Strand, wo Sonne scheint
Will ich mit dir alleine sein

Komm, geh mit mir den Leuchtturm rauf
Wir können die Welt von oben sehn
Ein U-Boot holt uns dann hier raus
Und du bist der Kapitän

Geh'n wir an Bord und fahren mit
Ich tauch den Fischen hinterher
Mach alle Türen zu und los
Vertreiben wir uns die Zeit im Meer

Hey, halt dich fest, das U-Boot taucht
Gleich wird die Sonne untergeh´n
Ich glaub, wir sind schon ziemlich weit
Ich kann den Leuchtturm nicht mehr sehn

Ich geh mit dir, wohin du willst
Auch bis ans Ende dieser Welt
Am Meer, am Strand, wo Sonne scheint
Will ich mit dir alleine sein

(Nena)

Der Krieger des Lichts

Ein Krieger des Lichts glaubt. Weil er an Wunder glaubt, geschehen auch Wunder. Weil er sich sicher ist, dass seine Gedanken sein Leben verändern können, verändert sich sein Leben. Weil er sicher ist, dass er der Liebe begegnen wird, begegnet ihm diese Liebe auch. Manchmal wird er enttäuscht, manchmal verletzt. Dann hört er Kommentare wie diesen: „Wie naiv Du doch bist!" Aber der Krieger weiß, dass es sich lohnt. Für jede Niederlage gibt es zwei Siege. Alle, die glauben, wissen das. Doch auch ein Krieger des Lichts verliert manchmal den Glauben. Es gibt Augenblicke in denen er an gar nichts mehr glauben kann und dann fragt er sein Herz: „Lohnt so viel Mühe überhaupt?" Doch sein Herz schweigt und er muss selber entscheiden. Dann sucht er ein Beispiel und erinnert sich daran, dass Jesus Ähnliches erlitten hat. „Lass diesen Kelch an mir vorüber gehen" hat Jesus gesagt. Auch er verlor den Mut und gab dennoch nicht auf. Der Krieger des Lichts schreitet auch ohne Glauben voran. Er kämpft weiter und am Ende kehrt der Glauben wieder zu ihm zurück.

(Paulo Coelho)

Der kleine Prinz und der Fuchs

*Dann traf der kleine Prinz einen Fuchs. „Zähme mich",
sagte der Fuchs. „Was heißt 'zähmen'?" fragte der kleine
Prinz. „Es bedeutet, sich 'vertraut machen'", sagte der
Fuchs.. „Noch bist du für mich nichts als ein kleiner Junge, der hunderttausend kleinen Jungen völlig gleicht. Ich
brauche dich nicht, und du brauchst mich ebenso wenig.
Aber wenn du mich zähmst, werden wir einander brauchen. Du wirst für mich einzig sein in der Welt. Ich werde
für dich einzig sein in der Welt….". „Ich beginne zu verstehen", sagte der kleine Prinz. „Es gibt eine Blume… ich
glaube, sie hat mich gezähmt…". […]*

*„Bitte…zähme mich!" sagte der Fuchs. „Ich möchte
wohl", antwortete der kleine Prinz, „aber ich habe nicht
viel Zeit. Ich muss Freunde finden und viele Dinge kennen
lernen." „Man kennt nur die Dinge, die man zähmt", sagte der Fuchs. „Die Menschen haben keine Zeit mehr, ir-
gendetwas kennen zulernen. Sie kaufen sich alles fertig in
den Geschäften. Aber da es keine Kaufläden für Freunde
gibt, haben die Leute keine Freunde mehr. Wenn du einen
Freund willst, so zähme mich!"*

*Als er den Fuchs gezähmt hatte, ging der kleine Prinz, die
Rosen wieder zusehen. „Ihr seid, wie mein Fuchs war. Der
war nichts als ein Fuchs wie hunderttausend andere. Aber
ich habe ihn zu meinem Freund gemacht, und jetzt ist er
einzig in der Welt!"*

*Und er kam zum Fuchs zurück. „Adieu", sagte
er…„Adieu", sagte der Fuchs. „Hier ist mein Geheimnis.
Es ist ganz einfach: Man sieht nur mit dem Herzen gut.
Das Wesentliche ist für die Augen unsichtbar. Die Zeit,*

die du für deine Rose verloren hast, sie macht deine Rose so wichtig.

Du bist zeitlebens für das verantwortlich, was du dir vertraut gemacht hast. Du bist für deine Rose verantwortlich…"

(aus „Der Kleine Prinz" von Antoine de Saint-Exupéry)

Wer liebt, dem wachsen Flügel

In jener Nacht versprachen wir einander das einzige, was Sinn hat, einander zu versprechen.

Wir versprachen einander, den anderen sein zu lassen, wie er ist.

Wir versprachen, einander in Heiterkeit und Neugier zu begleiten.

Wir versprachen, einander allein gehen zu lassen, wenn der andere das brauchen sollte.

Und wir versprachen einander der Gemeinsamkeit die Dankbarkeit entgegenzubringen, die sie verdient.

Wir versprachen einander, uns zu helfen, alle Steine aus dem Weg zu räumen, die den Fluss unserer Herzen behinderten.

Wir versprachen einander, uns in dem Raum zu treffen, in dem unsere Herzen – und nur unsere Herzen – zusammenfinden wollen.

Als all das so zum ersten Mal gesagt und gefühlt war, lachte der Weltgeist voller Heiterkeit auf,

und dann breiteten wir unsere Flügel aus und schwebten hoch und flogen weit, weit hinaus in die unendlichen Räume des Weltenraumes, den man die Seele nennt.

Wer liebt, dem wachsen Flügel.

(B. Barylli)

Eine alte Legend erzählt, dass es da zwei Menschen gab, die überaus glücklich miteinander lebten. Sie waren zufrieden, mit dem was sie hatten und miteinander teilten. Ihre Liebe wuchs durch die Jahre ihres Zusammenlebens. Nichts und niemand konnte diese Liebe zerstören. Eines Tages lasen sie in einem alten Buch, dass es da irgendwo, in weiter Ferne, vielleicht am Ende der Welt, einen Ort gäbe, wo unermessliches Glück herrsche. Ein Ort sollte dies sein, so sagte das alte Buch, an dem der Himmel die Erde küsst. Die beiden beschlossen, diesen Ort zu suchen. Der Weg war lang und voller Entbehrungen. Der Ort, an dem der Himmel die Erde küsst. Bald wussten sie nicht mehr, wie lange sie schon unterwegs waren; doch aufgeben wollten sie nicht. Fast am Ende ihrer Kraft, erreichten sie eine Tür, wie sie im Buch beschrieben war. Hinter dieser Tür sollte es sich befinden: Das große Glück, das Ziel ihres Hoffens und Suchens. Welch eine Spannung war in ihnen – wie wird er aussehen, der Ort, an dem der Himmel die Erde küsst, der Ort, an dem ein solches Glück herrscht. Sie klopften an. Die Tür öffnete sich. Sie fassten sich an der Hand und traten ein. Da standen sie nun – wieder mitten in ihrer Wohnung. Am Ende dieses langen Weges waren sie wieder bei sich zuhause angekommen. Und sie verstanden: Der Ort, an dem der Himmel die Erde küsst, ist der Ort, an dem die Menschen sich küssen. Der Ort, an dem der Himmel die Erde berührt, ist der Ort, an dem die Menschen sich berühren. Der Ort, an dem der Himmel sich öffnet, ist der Ort, an dem Menschen sich füreinander öffnen. Der Ort des großen Glücks ist der Ort, an dem Menschen sich glücklich machen.

(unbekannt)

Eines Tages stand ein junger Mann in der Stadt und erklärte, dass er das schönste Herz im ganzen Tal habe. Eine große Menschenmenge versammelte sich und sie alle bewunderten sein Herz, denn es war perfekt. Es gab keinen Fleck oder Fehler an ihm. Ja, sie alle gaben ihm Recht, es war wirklich das schönste Herz, was sie je gesehen hatten! Der junge Mann war sehr stolz und prahlte lauter über sein schönes Herz.

Plötzlich tauchte ein alter Mann vor der Menge auf und sagte: „Nun, dein Herz ist nicht mal annähernd so schön wie meins!" Die Menschenmenge und der junge Mann schauten das Herz des alten Mannes an. Es schlug kräftig, aber es war voller Narben, es hatte Stellen, wo Stücke entfernt und durch andere ersetzt worden waren, aber sie passten nicht richtig und es gab einige ausgefranste Ecken.Genauer an einigen Stellen waren tiefe Furchen, wo ganze Teile fehlten.

Die Leute starrten ihn an: „Wie kann er behaupten, sein Herz ist schöner!" dachten sie. Der junge Mann schaute auf das Herz des alten Mannes, sah dessen Zustand und lachte: „Du musst scherzen!" sagte er „Dein Herz ist mit meinem nicht zu vergleichen! Meines ist perfekt und Deines ist ein durcheinander aus Narben und Tränen!"

„Ja" sagte der alte Mann „Deines sieht perfekt aus. Aber ich würde niemals mit Dir tauschen wollen. Jede Narbe steht für einen Menschen, dem ich meine Liebe gegeben habe. Ich reiße ein Stück meines Herzens heraus und reiche es ihnen und oft geben sie mir ein Stück ihres Herzens zurück, das in die leere Stelle meines Herzens passt. Aber weil die Stücke nicht genau sind, habe ich einige raue Kanten, die ich sehr schätze, denn sie erinnern mich an die Liebe, die wir teilten.

Manchmal habe ich auch ein Stück meines Herzens gegeben, ohne dass mir der andere ein Stück seines Herzens
zurückgegeben hat. Das sind die leeren Furchen: LIEBE
geben heißt manchmal auch ein Risiko einzugehen.

Auch wenn diese Furchen schmerzhaft sind, bleiben sie offen und auch sie erinnern mich an die Liebe, die ich für
diese Menschen empfinde.

Ich hoffe, dass sie eines Tages zurückkehren und den Platz
ausfüllen werden. Erkennst du jetzt, was wahre Schönheit
ist?" Der junge Mann stand still da und Tränen rannen
seine Wangen hinunter. Er ging auf den alten Mann zu,
griff nach seinem perfekten jungen und schönen Herzen
und riss ein Stück heraus.

Er bot es dem alten Mann mit zitternden Händen an, der
setzte es sich in sein Herz. Er nahm dann ein Stück seines
alten vernarbten Herzens und füllte damit die Wunde des
jungen Mannes Herzens. Es passte nicht perfekt, da es einige ausgefranste Ränder hatte.

Der junge Mann sah sein Herz, nicht mehr perfekt, aber
schöner als je zuvor, denn er spürte die LIEBE des alten
Mannes in sein Herz fließen.

Sie umarmten sich und gingen weg, Seite an Seite…..

Auch wenn es mir manches Mal das Herz fast zerrissen
hat, so möchte ich doch keine Narbe missen. Keine einzige…….

(unbekannt)

Es ist ein großes Geheimnis.
Man kann nicht sagen, was die beiden so zueinander zieht.
Vielleicht ein Blick, eine Bewegung, eine Bemerkung, ein Lachen.

Bei jeder Begegnung schlug das Herz schneller. Man träumte voneinander, und man beschloss, miteinander zu wohnen. Man fühlte sich zu Hause, geborgen in dem großen Geheimnis, das die Menschen „Liebe" nennen. Man wuchs mit dem Leben des anderen zusammen, so, wie zwei Zweige an einem Stamm und aus einer Wurzel wachsen.

Aber der Lebensweg ist lang. Nicht jeden Tag läuten die Festglocken. Die erste Begeisterung geht vorüber, und es kommen viele eintönige Tage. Man merkt mit der Zeit immer mehr, dass der andere nicht nur gute Seiten hat. Du ärgerst dich und denkst vielleicht: Ich habe mich geirrt.
Aber du hast dich nicht geirrt. Du bist nur ein Mensch wie viele andere Menschen auch.

Alles Leben unterliegt dem Rhythmus von Tag und Nacht, Hoch und Tief, Ebbe und Flut. Jedes Jahr wird es Frühling und Herbst, Sommer und Winter.
Hab Geduld, viel Geduld mit dir selbst und noch mehr mit dem anderen, verlass niemals das Haus der Liebe und Treue. Die Liebe der Leidenschaft kann losbrechen wie ein Sturm, der Menschen entwurzelt. Seine Gewalt treibt die einen zusammen und die anderen auseinander. Aber eines Tages legt sich auch der heftigste Orkan. Dann wird das Ausmaß der Zerstörung sichtbar. Wenn der Sturm losbricht, gerate nicht in Panik, lass nicht alles los. Halte dich

an den Wurzeln fest. Warte und hab Geduld, endlos Geduld. Der Sturm wird vorübergehen, echte Liebe wird bleiben.

(Phil Bosman)

Die Brautleute hatten nicht viel Geld, aber dennoch waren sie der Meinung, dass viele Menschen mitfeiern sollten. Geteilte Freude ist doppelte Freude, dachten sie. Es sollte ein großes Fest werden, beschlossen sie, mit vielen Gästen. Denn warum sollte unsere Freude nicht ansteckend sein? – fragten sie sich. Es herrscht unter den Menschen ohnehin mehr Leid als Freude. Also baten sie die Eingeladenen, je eine Flasche Wein mitzubringen. Am Eingang würde ein großes Fass stehen, in das sie ihren Wein gießen könnten; und so sollte jeder die Gabe des anderen trinken und jeder mit jedem froh und ausgelassen sein.

Als nun das Fest eröffnet wurde, liefen die Kellner zu dem großen Fass und schöpften daraus. Doch wie groß war das Erschrecken aller, als sie merkten, dass es Wasser war. Versteinert saßen oder standen sie da, als ihnen allen bewusst wurde, dass eben jeder gedacht hatte: Die eine Flasche Wasser, die ich hineingieße, wird niemand merken oder schmecken.

Nun aber wussten sie, dass jeder so gedacht hatte. Jeder von ihnen hatte gedacht: Heute will ich mal auf Kosten anderer feiern. Unruhe, Unsicherheit und Scham erfasste alle, nicht nur, weil es lediglich Wasser zu trinken gab. Und als um Mitternacht das Flötenspiel verstummte, gingen alle schweigend nach Hause, und jeder wusste: Das Fest hatte nicht stattgefunden.

(Chinesische Parabel)

Es ist Unsinn
sagt die Vernunft
Es ist was es ist
sagt die Liebe

Es ist Unglück
sagt die Berechnung
Es ist nichts als Schmerz
sagt die Angst
Es ist aussichtslos
sagt die Einsicht
Es ist was es ist
sagt die Liebe

Es ist lächerlich
sagt der Stolz
Es ist leichtsinnig
sagt die Vorsicht
Es ist unmöglich
sagt die Erfahrung
Es ist was es ist
sagt die Liebe

(Erich Fried)

Trausprüche

Eine gute Ehe beruht auf dem Talent zur Freundschaft.
Von Friedrich Nietzsche

Die zweite Ehe ist der Triumph der Hoffnung über die
Erfahrung.
Von Samuel Johnson

Einen Menschen lieben heißt einwilligen, mit ihm alt zu
werden.
Von Camus

Für die Welt bist du irgendjemand, aber für irgendjemand
bist du die Welt.
Unbekannt

Geliebt wirst du einzig, wo du schwach dich zeigen darfst,
ohne Stärke zu provozieren.
Von Theodor W. Adorno

Glück ist Liebe, nichts Anderes. Wer lieben kann, ist
glücklich.
Von Hermann Hesse

Heiter, lustig bis rührend: das Spektrum einer freien Trauung ist groß!

Du bist zeitlebens verantwortlich für das, was du dir vertraut gemacht hast.
Antoine de Saint Exupery

Wer den anderen liebt, lässt ihn gelten, so, wie er ist,
wie er gewesen ist und wie er sein wird.
Michael Quoist

Liebe ist Verantwortung eines Ich für ein Du.
Martin Buber

Einzeln sind wir Worte, zusammen ein Gedicht.
Georg Bydlinkski

Liebe gibt nichts als sich selbst und nimmt nichts als von sich selbst.
Liebe besitzt nicht, noch lässt sie sich besitzen; denn die Liebe genügt der Liebe.
Khalil Gibran

Es gibt drei Dimensionen der Liebe: die Tiefe, die Dauer, die Treue.
André Maurois

Fragen und Wechselsprüche zum Eheversprechen

Willst Du diesen Mann/ diese Frau als Deinen Ehemann/ Ehefrau nehmen? Willst Du ihn/ sie lieben, trösten, ehren, zu ihm/ ihr stehen in guten sowie in schlechten Zeiten, solange wie Ihr beide lebt?

Willst du „Name" voll und ganz annehmen, achten, ehren und lieben, mit „Name" gemeinsam alle Herausforderungen des Lebens meistern und alle Freuden teilen, alle Tage deines Lebens?

Bist du heute hierhin gekommen, um „Name" vor euren gemeinsamen Freunden und eurer Familie deine Liebe zu bezeugen und den Bund der Ehe einzugehen?

Willst du zusammen mit „Name" lachen und weinen, reden und schweigen, trösten, beschützen und für „Name" kämpfen, ihm/ihr die Treue halten, Sorgen und Ängste teilen und gemeinsam durch das Leben gehen?

Wollt ihr einander treu sein, euch gegenseitig helfen und unterstützen, immer füreinander da sein und für eure Liebe kämpfen?

Wollt ihr Kinder, sofern sie euch geschenkt werden, annehmen und lieben, sie zur Selbständigkeit und Eigenverantwortung erziehen und sie mit Liebe und Achtung unterstützen?

Deine Stärke ist mein Halt.
Dein Halt ist meine Kraft.
Deine Kraft ist mein Antrieb.
Dein Antrieb ist meine Zuversicht.
Deine Zuversicht ist meine Hoffnung.
Deine Hoffnung ist meine Hoffnung.
Dein Herz ist mein Herz.
Dein Leben ist mein Leben.
Deine Liebe ist meine Liebe.

Ich will wachen, wenn du müde bist.
Ich will erinnern, wenn du vergisst.
Ich will schweigen, wenn du Recht hast.
Ich will sprechen, wenn du irrst.
Ich will voran gehen, wenn du zögerst.
Ich will dich fangen, wenn du fällst.
Ich will stark sein, wenn du keine Kraft besitzt.
Ich werde da sein, wenn du mich brauchst, für immer.
Ich liebe dich.
Ich liebe dich.

Diese kleine Auswahl an Texten und Sprüchen soll ideengebend sein. Das „World Wide Web" ist voll von unzähligen, schönen Vorschlägen. Und vielleicht gibt es ja auch in der Familie so etwas wie eine Sammlung guter, alter Texte und Geschichten, Gedichte oder Märchen, die nur darauf warten, zum Einsatz zu kommen!?

Glückwünsche und Fürbitten

Liebe _____ lieber _____,
für Eure Ehe wünsche ich euch von Herzen nur das Beste.
Ihr sollt euch gemeinsam Träume erfüllen, Hürden überwinde
und Wunder erleben.
Nehmt eure Liebe zueinander niemals als selbstverständlich hin,
sondern als Geschenk und Herausforderung.
Eure Liebe soll immer wachsen und eure heute so strahlenden
Augen für einander sollen nie verglühen!

Liebe _____, lieber_____,
Ich wünsche Euch ein wundervolles, gemeinsames Leben.
Dass eure Herzen immer im selben Takt schlagen,
Unendlich viele gemeinsame Träume,
Treue Freunde,
Endloses Glück,
Tiefes gegenseitiges Vertrauen
und die Gabe miteinander zu reden,
auch wenn Schweigen einfacher wäre.

Liebe _____, lieber_____,
Ich wünsche euch, dass Ihr gemeinsam stark
durchs Leben geht,
ihr immer zueinandersteht und nie an eurer Liebe
zweifelt.
Dass eure Liebe an jeder Herausforderung wächst
und ihr gemeinsam
in eine Richtung blickt.

Wir wünschen euch ZEIT.
Die Zeit, die Ihr braucht,
und die Zeit, die Ihr habt,
die Zeit, die vergeht
und die Zeit, die Euch bleibt,
die Zeit für Euch selber
und die Zeit zu zweit.

Wir wünschen Euch LIEBE.
Die Liebe, die Ihr gebt,
und die Liebe, die Ihr bekommt,
die Liebe, die Ihr fühlt,
und die Liebe, die Ihr wollt,
die Liebe des Anfangs
und die Liebe des Endes.
Wir wünschen Euch FREIHEIT.
Die Freiheit, die Euch entfesselt,
und die Freiheit, die Euch bindet,
die Freiheit, die Euch ablöst,
und die Freiheit, die Euch erlöst,
die Freiheit zum Ich
und die Freiheit zum Du.

Wir wünschen Euch FEUNDE.
Die Freunde, die Ihr mögt,
und die Freunde, die Euch mögen,
die Freunde, die Ihr braucht,
und die Freunde, die Euch brauchen,
die Freunde von früher,
und die Freunde von später,
und wir wünschen uns:
Eure FREUNDE zu sein!

Beispielabläufe
freier Trauungen

Die klassische Variante

Ablauf der Zeremonie von Hella und Matthias. Die Feier fand in einer restaurierten Scheune auf einem Bauernhof statt.
Gästezahl: ca. 50

Der Ablauf:

1. Einzug mit Musik
2. Begrüßung
3. Lesung
4. Musik
5. Geschichte des Brautpaares
6. Trauspruch
7. Fürbitten / Wünsche
8. Trauzeremonie
9. Musik
10. Trauritual
11. Verabschiedung
12. Auszug mit Musik

Trauspruch:

*Die Liebe ist manchmal das Traurigste, oft das Schönste,
aber immer das Wichtigste im Leben!*

Musik:
„Amazing Grace", John Newton
„Ultraleicht", Andreas Bourani
„So soll es bleiben", Ich + Ich

Text für die Lesung:

Die Insel der Liebe

*Vor langer, langer Zeit existierte eine Insel,
auf der alle Gefühle der Menschen lebten:
„Die gute Laune", „Die Traurigkeit", „Das Wissen"
und so wie alle anderen Gefühle, auch „Die Liebe".
Eines Tages wurde den Gefühlen mitgeteilt, dass die Insel
sinken würde.
Also bereiteten alle ihre Schiffe vor und verließen die Insel.
Nur die Liebe wollte bis zum letzten Augenblick warten.
Bevor die Insel sank, bat die Liebe um Hilfe.
Der Reichtum fuhr auf einem luxuriösen Schiff an der
Liebe vorbei.
Die Liebe fragte: „Reichtum, kannst Du mich mitnehmen?"
„Nein, ich kann nicht. Auf meinem Schiff habe ich
viel Gold und Silber, da ist kein Platz für Dich."
Also fragte die Liebe den Stolz, der auf einem wunderba-
ren Schiff vorbeikam:*

„Stolz, ich bitte Dich, kannst Du mich mitnehmen?"

„Liebe, ich kann Dich nicht mitnehmen," antwortete der Stolz,

„hier ist alles perfekt. Du könntest mein Schiff beschädigen".

Also fragte die Liebe die Traurigkeit, die an ihr vorbeiging:

„Traurigkeit, bitte, nimm mich mit."

„Oh Liebe", sagte die Traurigkeit,

„ich bin so traurig, dass ich alleine bleiben muss."

Auch die Gute Laune ging an der Liebe vorbei,

aber sie war so zufrieden, dass sie nicht hörte, dass die Liebe rief.

Plötzlich sagte eine Stimme: „Komm, Liebe, ich nehme Dich mit."

Es war ein Alter, der sprach.

Die Liebe war so dankbar und so glücklich,

dass sie vergaß, den Alten nach seinem Namen zu fragen.

Als sie an Land kamen, ging der Alte fort.

Die Liebe bemerkte, dass sie ihm viel schuldete und fragte das Wissen:

„Wissen, kannst Du mir sagen, wer mir geholfen hat?"

„Es war die Zeit", antwortete das Wissen.

„Die Zeit?", fragte die Liebe, „warum hat die Zeit mir geholfen?"

Und das Wissen antwortete: „Weil nur die Zeit versteht, wie wichtig die Liebe im Leben ist".

Treueversprechen während der Trauung:

Deine Stärke ist mein Halt.
Dein Halt ist meine Kraft.
Deine Kraft ist mein Antrieb.
Dein Antrieb ist meine Zuversicht.
Deine Zuversicht ist meine Hoffnung.
Deine Hoffnung ist meine Hoffnung.
Dein Herz ist mein Herz.
Dein Leben ist mein Leben.
Deine Liebe ist meine Liebe.

Fürbitten/ Wünsche:

Wir wünschen Euch ZEIT
Die Zeit, die Ihr braucht, und die Zeit, die Ihr
habt, die Zeit, die vergeht, und die Zeit, die Euch
bleibt, die Zeit für Euch selber und die Zeit zu
zweit.

Wir wünschen Euch LIEBE
Die Liebe, die Ihr gebt, und die Liebe, die Ihr bekommt, die Liebe, die Ihr fühlt, und die Liebe, die
Ihr wollt, die Liebe des Anfangs, und die Liebe
des Endes.

Wir wünschen Euch FREUNDE.
Die Freunde, die Ihr mögt, und die Freunde, die
Euch mögen. Die Freunde, die Ihr braucht und
die Freunde, die Euch brauchen, die Freunde von

früher, und die Freunde von später, und wir wünschen uns: Eure FREUNDE zu sein!

Trauritual:

Es werden zwei Ballons vom Brautpaar in die Luft
gelassen für zwei wichtige Menschen, die nicht
anwesend sein konnten…

Der Ringtausch in Verbindung mit einem Eheversprechen
macht die Szenerie einzigartig!

Für Individualisten

Die Trauung von Meike und Jörn fand an einem Fischteich ihres Angelclubs statt. Dort hatten sich die beiden kennengelernt und dort wollten sie sich auch das „Ja-Wort" geben!
Gästezahl: 4

Der Ablauf:

1.   Begrüßung
2.   Trauspruch
3.   Geschichte des Brautpaares
4.   Trauritual
5.   „Ja-Wort"
6.   Ende

Musik:

Keine – wegen der Fische ☺

Trauspruch:

Für immer dein, für immer mein, für immer uns!

Trauritual:

Die beiden angelten jeweils einen Fisch und übergaben jeweils dem anderen ihren.

„Ja-Wort":

Wollt ihr zusammen an allen Bächen und Seen des Lebens gemeinsam stehen, eure Verbundenheit zum Wasser leben und eure Liebe füreinander niemals enden lassen?

Ende:

Nach dem Kuss wurden von den Trauzeugen die Fische zubereitet und auf einem kleinen Kugelgrill gegrillt. Wir haben mit Champagner angestoßen und den frischen Fisch verspeist!

Motto Hochzeit

Die Trauung von Kalina und Ramona war eine 80
er Jahre- Mottoparty. Alle Gäste kamen stilecht in
schrillen Outfits und die Bräute in kurzen Kleidern und Turnschuhen. Gefeiert wurde die Trauung in einem kleinen, abgelegenen Restaurant +
Hotel mit sensationellem Ausblick.
Gästezahl: ca. 120

Der Ablauf:

1.   Einzug mit Musik
2.   Begrüßung
3.   Geschichte des Brautpaares
4.   Lesung
5.   Musik
6.   Fürbitten der Trauzeugen
7.   Trauspruch und Trauzeremonie
8.   Trauritual „Brot brechen"
9.   Verabschiedung + Gratulation

Musik:

„Rocky gonna fly now", Bill Conti
„Your song", Elton John
„Like the way I do", Melissa Etheridge

Die Lesung:

„Von der Ehe", Kalil Gibran

Fürbitten der Trauzeugen:

Wir wünschen Kalina und Ramona immer Zuversicht, auch in Momenten, die zunächst belastend oder schwierig erscheinen.

Wir wünschen Kalina und Ramona, dass sie sich immer aufeinander verlassen können.

Wir wünschen ihnen immer diese wunderbare Liebe zueinander, bei Tag und auch bei Nacht!

Trauspruch:

Jedes Gehen auf unvertrauten Wegen ist eine Reise ins Vertrauen! (unbekannt)

Trauritual:

Brot brechen. Da Kalinas Familie aus Polen stammt, wurde dieses dort sehr bekannte Ritual gewählt. Die Mütter der beiden tauschten symbolisch Brot und Salz aus und umarmten sich als Zeichen, dass aus ihnen und ihren Töchtern nun eine Familie wurde.

Alle Texte und die wichtigsten Passagen während der Trauung wurden ins Polnische übersetzt. Auch der Ablauf der Trauung war für die Gäste auf einer Tafel aufgestellt worden. In deutscher wie auch in polnischer Sprache!

Tipps und Planungshilfen

Den richtigen freien Redner finden

Im Kapitel zum Thema Freier Redner oder Freier Theologe habe ich es bereits angesprochen, wie wichtig es ist, sich auf sein Gefühl zu verlassen. Den richtigen und passenden Redner kann ein Paar für sich nur nach einem persönlichen Kennenlernen oder über ein Gespräch via die neuen Medien, wie beispielsweise Skype herausfinden.

Es gibt im Internet einschlägige Plattformen, die sich mit dem Thema Hochzeit im Allgemeinen befassen und auch über eine Liste geeigneter Redner verfügen. Aber auch im Bereich Social Media haben sich längst Gruppen gebildet, die über Erfahrungen und Empfehlungen den täglichen Austausch pflegen. Eine persönliche Empfehlung ist sicher noch die beste Möglichkeit, möglichst schnell an die passende Person zu gelangen…

Eine grundsätzliche Entscheidungshilfe soll aber diese kurze Checkliste bieten:

Vorauswahl:	Beim Kennenlernen:	eigene wichtige Punkte:
Freier Theologe	Erscheinungsbild	
Weltlicher Redner	Auftreten	
	Stimmlage	
weiblich		
männlich	Tiefe der Information	
	Art der Vorgehensweise	
Verfügbarkeit		
Preisgestaltung	Stimmt die Chemie	
Alter	Bauchgefühl	
Erfahrung		
Entfernung		

Zeitplanung vor der freien Trauung

Zeitraum	To-do
8-12 Monate vor der Trauung	Termin festlegen Freien Redner kennenlernen und buchen Weitere Dienstleister buchen (Fotograf, DJ, Sänger etc.) Location reservieren Kostenplanung durchführen
4-7 Monate vor der Trauung	erstes Vorgespräch mit dem Redner: Festlegen des Rahmens+ beteiligter Personen Ideen und Informationsaustausch ggf. Fragebogen des Redners Absprache zum Aufbau der freien Trauung mit der Location Information an die Beteiligten der freien Trauung (z.B. Geschwister, Trauzeugen u.a.)

1-3 Monate vor der Trauung	ggf. zweites Gespräch mit dem Redner: Besprechen der Details zum Ablauf und Inhalt der freien Trauung, ggf. werden Änderungen besprochen. Manchmal empfiehlt sich auch ein Treffen vor Ort, um einen möglichen Plan B für schlechtes Wetter zu besprechen. Absprachen zu Schnittstellen, wie Musik (Sänger/DJ) oder dem Fotografen ggf. Generalprobe
5-7 Tage vor der Trauung	Inhaltlich wie organisatorisch sollte alles stehen. Jetzt empfiehlt es sich, keine Änderungen mehr vorzunehmen
1-2 Tage vor der Trauung	Wenn gewünscht, hier letzter Kontakt vor der Trauung mit dem Redner!

Eine Hochzeit oder freie Trauung ist wie man so schön sagt: „Der schönste Tag im Leben!" Damit die Vorbereitungen nicht zu einer Hetzjagd werden und die Vorstellungen und Wünsche so umgesetzt werden können, wie sie geplant wurden, soll im Folgenden diese Zeitplanung einen hilfreichen Überblick geben.

Oft habe ich Paare erlebt, die enttäuscht waren, weil ihre Traum Location bereits ausgebucht war oder eben kein passender Redner mehr Zeit hatte an ihrem Traum Tag. Darum sei hier gesagt wie wichtig es ist, sich rechtzeitig Gedanken zu machen.

Der Gesamteindruck und die Atmosphäre am Ort der
Feierlichkeiten wird durch passende Dekoration
vervollständigt.

Kostenplanung zur besseren Übersicht zum eigenen Budget

Auch wenn dieses Thema nicht spezifisch für Freie Trauungen ist, so möchte ich zum Abschluss der Tipps und Planungshilfen noch eine Hilfestellung zur Planung anstehender Kosten für den schönsten Tag im Leben vorschlagen. In der Tabelle können geplante Kosten aller Arten aufgelistet und so mit dem gesetzten Budget verglichen werden. Auch können die tatsächlichen Kosten nach den Feierlichkeiten helfen, einen Gesamteindruck über die finanziellen Mitteln und Ausgaben zu geben.:

	geplante Kosten	tatsächliche Kosten
Papeterie/Einladungen		
Freier Redner		
Miete der Räumlich-keiten		
DJ, Musik, Kinderanimation		
Blumen und Dekoration		
Fotograf/Videograf		
Unterkünfte und Übernachtungen		
Kosmetik/Friseur		
Brautkleid/Anzug		
Hochzeitsfahrzeug		
Menü und Sekt-empfang		
Wedding Planner		
sonstiges		

Auch möchte ich gern an dieser Stelle mit den nun beschriebenen Beispielen aufzeigen, dass eine Hochzeitsfeier auf verschiedene Arten und Weisen geplant und die freie Trauung eingebettet werden kann. Gleichzeitig soll veranschaulicht werden, wie unterschiedlich die anfallenden Kosten für Hochzeiten mit freier Trauung ausfallen können. Die vorgestellten Kosten beziehen sich rein auf den Tag der Feierlichkeiten. Die gebuchten Dienstleistungen dienen lediglich als

Fallbeispiel. Die Preise können natürlich je nach gewählter Ausstattung sowie nach Region unterschiedlich ausfallen. Alle weiteren persönlichen Anschaffungen oder Eigenleistungen sind bei den Beispielen nicht berücksichtigt!

Beispiel 1:
Hochzeitsfeier mit freier Trauung über 2 Tage mit Übernachtung vor Ort (beispielsweise auf einem Bauernhof oder einem Schloss mit Hotelbetrieb)
Anzahl der Gäste: 50

Gebuchte Dienstleistungen:
- Sängerin zur freien Trauung: 300,00
- Freier Redner: 900,00
- Dekoration: 450,00
- DJ für den Abend: 800,00
- Hochzeitsmenü&Frühstücksbuffet: 9000,00
- Getränkepauschale: 4500,00
- Babysitter und Abendanimation: 200,00
- Fotograf: 750,00
- Übernachtung Hochzeitssuite: 180,00
- Übernachtungskosten für Eltern
  und Trauzeugen: 320,00

gesamt: **17.400,00**

Beispiel 2:

Hochzeitsfeier im Garten der Eltern mit aufgebautem Zelt, keine Übernachtungsgäste geplant
Anzahl der Gäste: 120

Gebuchte Dienstleistungen:
- Freier Redner: 700,00
- Live-Band (3 Personen):   1900,00
- Catering & Getränke: 12.000,00
- Fotograf: 900,00
- Zauberkünstler für die Kinder: 180,00
- Zeltbauer/Zeltverleih & Interieur: 1200,00

     gesamt: **16.880,00**

Beispiel 3:

Hochzeitsfeier und Freie Trauung auf Mallorca am Strand bzw. in einer Finca mit Übernachtung und Flugkosten
Anzahl der Gäste: 10

Gebuchte Dienstleistungen:
- Freier Redner: 1500,00
- Hochzeitsauto/Leihwagen: 600,00
- Flugkosten: 3000,00
- Equipment für Strandtrauung,
  Hochzeitsbogen: 250,00
- Sektempfang: 70,00
- Unterbringung
  (inkl. Dinner & Getränke):   1200,00
- Videograf in Begleitung: 2500,00

     gesamt: **9.120,00**

Weitere Anlässe für freie Zeremonien

Ehejubiläen oder Erneuerung des Eheversprechens

Eine sehr schöne Zeremonie ähnlich die der freien Trauung lässt sich nach ein paar Jahren glücklicher Ehe wiederholen oder auffrischen. Nicht selten werden solche Zeremonien auch verschenkt – durch einen der beiden Ehepartner oder durch die Kinder oder Freunde.

Die beliebtesten Zeitpunkte hierfür sind:

Nach **10 Jahren Ehe**
Zur **silbernen Hochzeit**
Zur **goldenen Hochzeit**

Aber natürlich wählen die Paare ihren Zeitpunkt auch zu anderen Ehejubiläen aus. Hier seien einmal die gängigsten Jubiläen und ihre Bedeutung aufgelistet:

1 Jahr: **baumwollene Hochzeit**
Dem jungen Ehepaar wird von Freunden und Verwandten Handtücher und Geschirrtücher aus Baumwolle (symbolisch) als Geschenk überreicht, um den Hausstand zu vervollständigen.

5 Jahre: **hölzerne Hochzeit**
Das Paar hat sich aufeinander eingestellt, die Ehe scheint dauerhaft zu sein. Als Symbole für Beständigkeit und Arbeit werden Geschenke aus Holz überreicht.

6 ½ Jahre: **zinnerne Hochzeit**
Das Ehepaar braucht, wie Zinn, eine Auffrischung in Form einer Politur. Freunde überreichen passende Geschenke (aus Zinn).

7 Jahre: **kupferne Hochzeit**
Das Eheglück soll weiterhin bestehen, deshalb schenken Sie Gegenstände aus Kupfer es ist das Metall der Liebesgöttin Venus.

8 Jahre: **blecherne Hochzeit**
Die Ehe hat so manche Dellen und Abdrücke bekommen, wie Bleche halt auch
aber das Ehepaar hat doch alles gut überstanden. Geschenke aus Blech wie Kuchenformen zeigen wie langlebig sie trotz Dellen sind.

10 Jahre: **Rosenhochzeit**
Die Ehe steht in prachtvoller Blüte. Zum Zeichen ihrer Liebe schenkt sich das Ehepaar an diesem Tag Rote Rosen, die Blumen der Liebe.

12 ½ Jahre: **Nickelhochzeit/ Petersilienhochzeit**
Viele Kräuter und scharfe Gewürze beleben die Ehe. Deshalb bringen Freunde alle möglichen Kräuter wie Petersilie, Basilikum, Rosmarin, Thymian und Gewürze Curry, Pfeffer, Paprika.

15 Jahre: **gläserne Hochzeit**
Glück und Glas, ist leicht zerbrechlich. Das bedeutet für das Ehepaar Aufmerksamkeit und Behutsamkeit im Umgang miteinander. Geschenke als Glas sind angebracht.

20 Jahre: **Porzellanhochzeit**
Neues Porzellan und Geschirr wird angeschafft, da sicher schon einige Porzellanteller in den vergangenen Ehejahren zerbrochen sind.

25 Jahre: **silberne Hochzeit**
Das erste Vierteljahrhundert der Ehe hat das Ehepaar nun erreicht. Zu diesem Ehejubiläum wird alles in Silber geschmückt, damit der Wert der Ehe erhalten bleibt.

30 Jahre: **Perlenhochzeit**
Der Ehepartner schenkt seiner lieben Frau eine Perlenkette zum Zeichen der folgenden Ehejahre

die sich wie Perlen auf einer Schnur aneinander reihen.

35 Jahre: **Leinwandhochzeit**

Leinen hält fest es ist nicht von Hand zu zerreißen, genauso fest wie diese Ehe ist. Die erste Bettwäsche wird verschlissen sein, neue Wäsche wird eingekauft und auch von Freunden und der Familie an das Ehepaar verschenkt.

40 Jahre: **Rubinhochzeit**

Der Ehering bekommt einen Rubin Edelstein. Nach so vielen Ehejahren kann die Liebe nicht mehr vergehen. Das Feuer dieser Liebe brennt ewiglich.

50 Jahre: **Goldhochzeit**

Das Gold ist sehr edel, kostbar und glanzvoll und hält fest ist wie diese Ehe. Es wird ein großes Fest mit der Familie gefeiert, viele Paare lassen sich nochmal in der Kirche segnen.

60 Jahre: **Diamantene Hochzeit**

Diamanten sind das kostbarste was es gibt sie symbolisieren Liebe, Kraft, und Brillanz für alle Ewigkeit.

65 Jahre: **eiserne Hochzeit**

Fast ein ganzes Leben lang ist das Ehepaar zusammen durch gute und schlechte Zeiten gegangen, dazu brauchte das Jubelpaar den sogenannten „Eisernen Willen".

70 Jahre: **Gnadenhochzeit**
Eine halbe Ewigkeit ist vergangen und mit der Gnade Gottes genießt das Ehepaar in Liebe den gemeinsamen langen Lebensabend.

75 Jahre: **Kronjuwelenhochzeit**
Ein gemeinsames Leben mit Glück und Freud, manchmal auch Leid ist vergangen, nicht die schönsten und kostbarsten Juwelen können so ein langes Eheleben aufwiegen.

Entnommen aus dem „Stammbuch der Familie", Herausgeber: Bundesverband der deutschen Standesbeamten, Verlag für Standesamtswesen GmbH, Frankfurt/ Berlin

Freie Taufe – Willkommensfest - Namensfeier

Für Familien, die sich entschließen, ihre Kinder nicht kirchlich taufen zu lassen, ist das Willkommensfest eine schöne Alternative, um das neugeborenen Kind in der Familie zu begrüßen. Ganz ähnlich wie bei der freien Trauung werden mit dem freien Redner Rituale besprochen und eine Zeremonie geplant, die individuell auf die Vorstellungen und Bedürfnisse der Eltern des Kindes abgestimmt werden. Es können Paten zur Seite stehen, das Element Wasser kann, muss aber nicht gewählt werden und der Rahmen und die Örtlichkeiten sind ebenfalls frei wählbar. So ist eine solche Feierlichkeit daheim in den eigenen vier Wänden der Familie eine schöne Option, im Garten, wenn es warm genug ist oder in abgeschlossenen Räumlichkeiten, die angemietet werden. In der Regel dauert eine solche Zeremonie ca. 30 Minuten. Doch auch hier kann ich nur sagen: ganz, wie es die Familie sich wünscht!

Als freier Redner wird eine kleine Ansprache gehalten, die Texte und Wünsche beinhalten können, die das Kind auf seinem Lebensweg begleiten sollen. Und auch hier sind Beiträge durch nahe Stehende Verwandte oder Freunde und kleine Rituale sehr erwünscht und machen dieses Fest zu einem ganz besonderen Tag!

Jugendfeier/Jugendweihe

Der heranwachsende Jugendliche wird bei der Jugendfeier oder Jugendweihe auf das Erwachseneren vorbereitet und auf die Bedeutung der Eigenverantwortung hingewiesen. In manchen Teilen Deutschlands ist die Jugendfeier noch sehr populär und dient als Ersatz zu religioösen Riten wie Konfirmation oder Firmung. Während der vorbereitenden Zeit auf den großen Tag der Feier bekommt der Jugendliche Unterricht und hat Austausch zu anderen Jugendlichen. Ist so ein vorbereitender Kurs nicht besucht worden und die Eltern wünschen sich eine solche Feier zu Hause, wird vorab festgelegt, welche Inhalte die Ansprache durch den Redner haben soll und welches Ritual zu ihrem Zögling passt.

Freie Trauerfeier

Stirbt ein Mensch und ist er keiner religiösen Glaubensgemeinschaft angehörig oder hat sich zu Lebzeiten eine freie Trauerfeier gewünscht, so ist diese Art des Abschieds eine sehr schöne Alternative! Mit den engsten Angehörigen wird die Zeremonie zusammen mit dem freien Redner geplant und vorbereitet. Manches Mal hat der Verstorbene ganz genau bestimmt, wie er sich den Ablauf wünscht, so dass die Gestaltung vorgegeben ist. Generell bleibt hierbei natürlich nur begrenzte Vorbereitungszeit, aber genauso wie bei den anderen freien Feiern ist es möglich, sehr liebevoll und individuell vorzugehen. Die Lieblingslieder des Verstorbenen können gespielt werden, ein Abschiedsritual für die Hinterbliebenen kann helfen, den Tod zu verarbeiten usw.

Der freie Redner führt durch die Abschiedsfeier und geht auch den Gang zum Grab mit den Angehörigen, wenn dies gewünscht ist. Jegliche Arten von Bestattungen können durch ihn begleitet werden.

Abschließende Worte und Dank

Ich hoffe, ich kann mit diesem Buch einen ersten Eindruck davon geben, wie eine freie Trauung ablaufen kann, was alles bedacht werden sollte und wie schön und vor allem wie individuell und persönlich diese Alternative ist!

Und ich möchte allen Paaren, die den Entschluss fassen, sich frei trauen zu lassen, nur eine wundervolle Vorbereitungszeit und Vorfreude wünschen und sagen: Genießt jeden einzelnen Augenblick!

Die Gäste werden begeistert sein und es ist nur verständlich, dass die Freie Trauung immens an Bedeutung gewinnt.

Bei der Wahl zu einem freien Redner hört immer auf euer Herz und euren Bauch! Ein guter freier Redner nimmt sich Zeit, führt ein unverbindliches und kostenfreies Vorgespräch und arbeitet mit Muße und sehr professionell. Nicht immer ist der günstigste auch die beste Wahl, aber genauso gilt umgekehrt: Nicht immer hält ein sehr teurer Anbieter das, was er verspricht!

Ich möchte an dieser Stelle allen meinen Paaren danken, deren Beispiele und Namen ich verwenden durfte und deren Fotos zur Veranschaulichung abgedruckt werden konnten. Ebenso gilt ein ebenso großer Dank den Fotografen dieser Bilder, die auf Hochzeiten wirklich Großes leisten und die Erinnerungen für die Ewigkeit festhalten.

Die Brautpaare:

Dennis & Carolin
Stephi & Scott
Stefanie & Fabian
Katharina & Stefan
Olly & Mathias
Miryam & Nico
Meike & Jörn
Kalina & Ramona
Hella & Matthias
Britta & Andi
Philine & Simon

Die Fotografen:

BJOERN MERG PHOTOGRAPHY
Bjoern Merg
Mobil: 0176-15160609
Mail: info@bjoernmerg.de
www.bjoernmerg.com

harald schaack
Mobil: 0163-4660673
Mail: harry@haraldschaack.com
www.haraldschaack.com

Katrin Neumann. Fotografie.
Hamburger Straße 20
48155 Münster
Tel.: 0251-2897994
Mobil: 0163-7853266
Mail: post@katrin-neumann.net
www.katrin-neumann.net

Gülten Hamidanoglu Fotografie
Mobil: 0173-9103562
Mail: info@hamidan.de
www.hamidan.de

Heike Sieber Kommunikationsdesign
Bremer Straße 5
50670 Köln
Tel.: 0221-9545051
Mobil: 0170-5245047
Mail: post@heikesieber.de

BILDERZEIT Fotografie
Ilka Vent
An der Luhs 8
53639 Königswinter
Mobil: 0151-19441692
Mail: info@bilderzeit.net
www.bilderzeit.net

Meiner Familie gilt abschließend ein ganz besonderer Dank, denn sie unterstützt mich in meiner Arbeit. Es ist mehr als nur ein Job für mich. Ich liebe es, Menschen zu helfen und glücklich zu machen und oftmals bin ich an Wochenenden oder abends unterwegs!

Also meine Liebsten: Peter, Klara, Moritz und Lieselotte! Ich liebe euch sehr! Vielen Dank!

Und an meine liebsten Eltern sowie meinem Bruder und seiner Frau sende ich hiermit einen dicken Kuss. Denn sie sind mein ständiges Backup, ohne die es niemals möglich war und in der kommenden Zeit sein wird, überhaupt zu arbeiten!

Ein riesengroßes Dankeschön für eure Anreise, eure Zeit und Liebe, die ihr uns immer wieder auf's Neue schenkt. Danke!